ホリプロって何だ?

堀威夫

ホリプロって何だ？

堀威夫

装幀：相馬敬徳

はじめに

この本は、堀威夫さんの一人語り形式でまとめた作品である。堀さんの「いい顔作ろう」という人生観、そして青春期、会社設立、事業領域の拡大と、その時代、時代を生きる上で節目をつけるという生き方。堀さん流にいえば「句読点を付ける」という考え方などがふんだんに散りばめられていて、読者の方も相当な知的刺激を受けられることだと思う。『ホリプロって何だ?』というこの本のタイトルに象徴されるようにホリプロの手掛ける仕事は実に幅広い。歌手を抱え、その活動のマネジメントを担う芸能プロダクションとして、ホリプロは1960年(昭和35年)に設立され、今年創業60周年を迎える。わが国を代表するプロダクションで、その仕事は音楽のみならず、CM・映画制作、そして演劇の興行、舞台制作、人のマネジメントもお笑い、モデル、声優、文化人、アナウンサー、スポーツ選手、芸術家、キャラクターと広がる。創業期から「人間産業」を標榜しており、そのマネジメントは多岐にわたる。人に関するビジネスで出来るものは何でも手掛けるというところがホリプロの真骨頂発揮である。

堀さんの人生を拝見していると、実に〝粋〟な人だと思う。横浜生まれで私立浅野学園の高校生時代から音楽に親しみ、戦後の復興期の明治大学商学部在学中に当時の人気バンド、ワゴン・マスターズにスカウトされ、音楽活動にのめり込む。訳あって独立し、スイング・ウエストを結成。精力的にバンド活動を続ける。

しかし、1960年、自らの音楽活動に見切りをつけ、紆余曲折を経ながらホリプロを設立する。当時、音楽活動に携わる人々の社会的地位は低かった。堀さん自身も長男の小学校受験の面接で「保護者の職業は？」と聞かれる段で、芸能活動をやっていることを知った面接官が怪訝な表情をしたという場面に遭遇。

そのとき、堀さんは、音楽の関係者は皆、一所懸命に活動に精を出し、人々に安らぎと楽しみを覚えてもらおうと努力しているのに低い地位しか与えられていない現状に奮い立ったのである。

「よし、自分はホリプロを立派な会社にする。東証に上場できる会社にしてみせる」と秘める思いは熱かった。そして、現に、1989年に店頭公開、8年後の1997年に東証2部に上場、2002年に東証1部上場と着実に自分の思いを遂げ、会社も成長していった。

自分のことより、業界のステイタスを上げるという思いが、堀さんにはある。粋人の堀さんは、そのことを決して声高にはしゃべらない。自分の行動で周囲や社会に強烈なメッセージを送っているが、それをいつも粋な形でやり遂げているところが、堀さんらしいし、堀さんのすごさだ。

堀さんは「人生に句読点を付ける」という言い方をされる。その句読点の付け方にも二通りある。幼少期、太平洋戦争で学童疎開も経験し、人生の中でいくつもの大事件、危機を身をもって体験したということで、「外から運命的に句読点を付けられた」時と「自ら句読点を付ける」という場面の2つである。

なぜ句読点を付ける人生なのか？

その年代、年代で生き方の目標が違ってくる。その目標実現のために努力していくという生き方である。87歳の今、堀さんはゴルフでいえばエージシューターとなり、非常にお元気。それは足腰が丈夫だからである。60歳になったときに車による通勤を止め、自宅から会社までの道のりを徒歩通勤すると切り替えた。途中には高架の鉄道をまたぐ陸橋がある。「アップが57段、ダウンが43段、合わせて100段あるんです」と階段数を正確に把握し、これを毎日、毎日、越えるという実践。一日目標を定めたら、それをやり抜くという忍耐強さ。そのことが日々、堀さんの精神と肉体を鍛えるということだが、粋な堀さんは「年は足からくるからね」とさらりと言ってのける。

「五感を大事にしたい」と堀さんは言う。五感とは何か?

「春が近づくと春の匂いを感じ、秋が近づくと肌に寒い風を感じる。車の中では一切感じないことが、五感ってこういうものなんだとわかるんです」

戦時中の体験。堀少年は横浜・山の手に住んでいた頃、勤労奉仕で新聞配達の仕事をさせられた。山の手から根岸の海岸まで、薄明りの中を降りていく。そうすると「暗い帳の中に船が浮かんでいる。そこへ波が押し寄せては引いていく情景で少し怖かった」と少年時代のことを振り返る。

その情景描写もまた、堀さんの五感が研ぎ澄まされて、実にリアルな状況描写となって表れてくる。変化を生き抜く経営を実践してこられたのも、この五感の研ぎ澄ましがあったからだと思う。急激な環境変化が起きる今日にあって、堀さんの〝五感とともに生きる〟人生は読者の方に多いに参考になるものと思う。

財界主幹・村田博文

ホリプロって何だ？　目次

第2章 時代

第3章 スタンス

第4章 二毛作

第１章　ルーツ

海水浴後は滝のシャワー
山の手での幼少期

小学校から中学、高校まで、ずっと横浜に住んでいた。わが家の周り、軒数にして20～30軒だけ、空襲でも焼けなかったからだ。

真意の程はわからないが、アメリカが空襲でも、ここを避けて、わざわざ焼け残したという説もある。そんな説が出てきたのは、焼け残った家が洋館ばかりだったから。わが家も、あの時代から水洗便所があった。上に水槽があって、鎖を引っ張ると、上から水が流れてくるトイレだ。父が朝日生命の横浜支店長だったから、おそらく社宅だったのだろう。

わが家は山の手の中区滝之上にあり、戦争が始まるまで、その洋館には欧米人が住んでいた。ところが、戦争が激しくなると、敵国になるイタリア、ドイツ、スイス以外の住人は帰国。おそらく、その後に、うちの家族が入ったのだと思う。

〝滝之上〟と地名に〝滝〟があるように、当時はその名の通り、滝があった。

150～160段の石段があって、下は根岸の海岸。今は埋め立てて京浜東北・根岸線が走っているけれど、今でも、あれほど美しい海岸線をなぜあんな風にしてしまったのか、残念に思う。

子どもの頃は海水浴をしていたし、学校の校庭はそのまま海につながっていたから、横浜市内の小学生は、夏になると臨海学習で学校に寝泊まりしていた。

それが、B29の空襲が始まり、いろんなところへ爆弾を落としていくようになった。爆弾が余ると、油を節約するために海へ爆弾を落としていく。そうすると、魚が脳震《のうしん》盪《とう》を起こして動かなくなる。

それを見て、子どもたちはバケツを持って海に入り、脳震盪を起こした魚をバケツ一杯に入れて持って帰っていた。脳震盪を起こしているだけだから、味も健康上もまったく問題ない。沖には行けないから、アジやアイナメとかサイズの小さい魚を持って帰っていた。

根岸の海岸には、海苔の養殖に使う竹でできた篊《ひび》と呼ばれる海苔の養殖に使う竹が立っていて、質の良い海苔が採れた。

篊の下ではハマグリやアサリを養殖していて、満潮になると、泳いでそこへ行き、ハマグリやアサリを捕って、浜辺でたき火をして食っていた。漁師に見つかると、追っかけられて怒られるのだけどね（笑）。

泳いだ後は、白滝不動尊というお不動尊さんにある、真水の滝のシャワーを浴びて家に帰る。戦時中とはいえ、のどかで楽しい思い出だ。

ところが、戦争が激しくなると、「田舎のない子どもは学校単位で疎開せよ」といった政令か何かが出た。

それで、1944年9月の始め、学期でいうと2学期が始まる頃、箱根の宮ノ下にある『奈良屋旅館』というところへ疎開した。

箱根に疎開と聞けば優雅に聞こえるけれど、良いところでも、食べ物がない。酸っぱいミカンがちょっと採れるぐらいだった。おいしいものを食べるから温泉は良いのであって、食べものがなければ辛い（笑）。

おそらく日持ちが良いからだと思うが、食堂にはずらりとカボチャが並んでいた。カボチャと言っても大きさだけを追求した品質だから、今のカボチャとは訳が違う。味がしない。

カボチャの他は、サツマイモを食べるくらいで、いつも腹を空かせていた。

たまにミカンが配給になると、ミカンの実を食べた後、皮を刻んで『エビオス』とか『ワカ末』のビンに入れておいて、日を改めて皮だけ食べていた。まぁビタミンCがたくさん入っているから、身体には良いのだろうけれどね（笑）。

箱根に行ったのは9月で、季節は冬に向かっていた。そうすると、当時は車も木炭車だったから、雪が降ると坂を上がれない。それで、当時、小学6年生だったわれわれが、ソリを持って小田原まで食糧を取りに行っていた。

横浜でも食べ物は配給だったから、ろくなものは食べていなかった。

サツマイモも『沖縄100号』という、桜島大根みたいに大きなサツマイモを食べていた。これもカボチャと同じで形だけデカくするというものだから、腹だけ膨らめばいいということで、味は二の次三の次。本当に不味かった（笑）。

それから大豆の油を搾った滓。そんなものまで配給されていた。でも、これはさすがに腹が減っても食えなかったね。

小学4年生くらいの頃、まだ疎開に行かなくていい時代、勤労奉仕で新聞配達もさせられていた。冬は寒いし、真っ暗だし、怖い。家によっては犬がいたりする。しかも、当時、犬は放し飼いだ。

食べ物もろくに食べられず、小学生の頃から勤労を強いられる。そういう時代だ。

今となってはありがたい経験であり、良い財産だけど、当時は辛かったね。それでも、その経験があるから、何があってもへこたれない。

終戦後は浮浪児のような生活に

集団疎開で1944年9月から1945年3月まで箱根にいた。箱根の温泉村小学校というところを間借りして卒業式をして、「明日からお国のために！」と誓って町（横浜）へ帰ってきた。

そして旧制中学へ入学。現在の中高一貫の浅野学園だ。だから半年間は、一応、軍事教練もやっていた。

今は有名な進学校だけど、自分たちはいい加減な時代だから、フラッと入学できた。

その後、8月15日を迎えた。

記憶が定かでなくて、9月の始めか、8月の末、アメリカの第8軍が先遣隊として厚木に入ってきた。ダグラス・マッカーサーが来る前のことで、アイケルバーガー中将が厚木飛行場に降りて、その足で、わが家の近くに来て、大きな西洋館を全部接収していった。

幸い、わが家は小さかったので接収を免れたが、斜め前の家がアイケルバーガー中将の宿舎になった。

終戦直後、女こどもは「鬼畜米兵に凌辱されてはいけない」と疎開地で生活を続けていた。

だから、母と弟は終戦後も疎開地にいた。どうも、大人と子どもの線引きを〝小学生〟と〝中学生〟でしていたようで、中学1年生だったわたしは町に残ることになった。

中学1年生だったが、ろくなものを食べていないので、身体は小学4〜5年生程度。わたしだけでなく、みんなそうだった。

母親からは「アメリカ兵から何か物をもらっても、食っちゃいけないよ。毒が入ってるといけないから」と言われていた。でも、とにかく腹が減っている。しかも、わが家の斜め前は、アイケルバーガー中将の家。常時、見張り番の歩哨《ほしょう》が2人立っていた。それで、その歩哨がいろんなものをくれるわけだ。

例えば、「レーションン」という四角い箱に入れた配給品があって、コンビーフの缶詰や4本入りのたばこ、チョコレート、クラッカー、チーズなどが1セットになって入っている。

レーションは「ブレックファースト」「ランチ」「ディナー」で中身が分かれていて、米軍は落下傘を使って、そのレーションを前線に落としていく。

そのレーションをくれるので、親からは「食べちゃいけない」と言われても、腹が減っているから食べてしまう。

で、翌朝目が覚めると、生きている（笑）。死ぬかもしれないと思って食べたけれど、死んでいない。だから、「あれっ、大人が言うほど悪いやつじゃなさそうだ」ってなる。日本の兵隊さんも、そうらしいが、戦地に行くと、現地の子どもと一番先に仲良くなるらしい。われわれも町に残った最年少の子どもだったから、アメリカ兵と真っ先に仲良くなった。

それから、歩哨は3分の1くらいたばこを吸うと、ポンポン捨てていく。

われわれが子どもの頃は、父親のたばこを行列に並んで買うというのが1つのミッションだった。たばこを買って帰ると、父親は唇がやけどするぐらい短くなるまで吸っていた。それなのに、歩哨は3分の2も残して捨ててしまう。

子どもながらに「もったいない」と思う。

火も点いたままだから、拾ってそのまま吸えるわけだ。だから、わたしは13歳の頃からたばこを吸っていた。周りの子どもも、『キャメル』とか『ラッキーストライク』を吸っていたよ（笑）。

その代わり、今みたいにフィルター式のたばこじゃないから、吸い始めた最初の2～3日は目がまわったり、気持ちが悪くなる。だけど面白いもので、1週間もすると、うまくなってくる。

そんなこんなで、13歳でたばこを始めて、20歳でやめた（笑）。親も疎開先で家にいなかったし、敗戦国の浮浪児みたいなものだった。

ちなみに、20歳でたばこをやめたのには理由がある。

明治大学の学生だった19歳の頃、バンドを始めたけれど、夜の演奏が多いので、どうしても夜が遅く、不規則な生活になってしまう。そのうえ、昼間は学校に行かなければいけない。

それで、ある日、地方巡業から帰って来たら、胃がもたれて苦しくなり、病院に行ったところ、医者から「あんたみたいな仕事をしてる人は、お酒かたばこ、どちらかやめなさい」と。当時、何が恐かったかというと、結核。当時は不治の病だった。命は惜しいから、いろいろ考えて「酒の上で……」は言い訳になるけれど、「たばこの上……」というのは言い訳にならんなと、たばこをやめた。

そんな理由でやめたわけだが、結果ラッキー。おかげで今も元気に生活できている。よく運が良い、悪いと言うけれど、神様が不平等に運を与えるわけはない。それなのに、なぜ運の良い人と悪い人が生まれるのか、ずっと考えきた。

それで、ある時ふと、こう思った。

〝運の風〟が自分に巡っている。麻雀でいえば、ツモが良くなったみたいな感覚だ。そういうとき「自分に風が来ているな」ときちっとセンサーで捉える。麻雀でいえば無駄にしないできちっと上がる。それができるか、できないかの違いかなと。

それを「運が来ているから」と運に任せて、麻雀でも高い手を作ろうとして振り込むと、運を捨ててしまうのではないかと。

1度、運を捨ててしまうと、次に巡ってくる運は、通常の倍のインターバルになってしまう。

そこでまたボヤッとして、追い風が吹いていることに気付かないでパスしてしまうと、二乗、三乗、四乗と運を逃してしまう。

その結果、非常に運の良い人と悪い人に分かれるのではないかと思うようになった。わたしはバンドマン上がりで芸能プロダクションを起業し、今も生き残っている。でも、同じように裏方に回ってうまくいかなかった人と自分の間に、大きな差があったわけではない。そうすると、やはり運の巡りをモノにするか、しないかの違いかなと。

逆に、良いことばかりでも怖い。わたしも、最初の会社を乗っ取られずにきていたら、鼻持ちならないリーダーになって、とっくに潰れていたと思う。

辛い思いをしたことが、結果として大きなプラスになった。計画したわけではないけれど、それが人生の面白みだね。

焼野原の中、母親と本家へ向かうと……

疎開先から横浜に戻った中学1年生の頃、空襲で本家が焼けたらしいという情報が入った。

炊き出しのおむすびを持って、母と2人で三ツ沢の本家まで向かった。交通機関も不通で、軍のトラックが通りかかると、途中まで乗せてもらったりしながら、滝之上から三ツ沢まで歩いた。

距離にすると7~8キロだから、普通に歩けば1時間半程度で着くはずだけど、テンションが上がっていて、どれくらいかけて歩いたのかまったく覚えていない。辺り一面焼け野原で、死体がゴロゴロ転がっていたから……。

当時、町内会には必ず1つ、小さなプール程度の大きさの防火用水があったのだけど、そこが死体の山になっていた。

熱さから逃げるように、水のある場所に集まったのだと思う。焼夷弾で焼かれているから、上のほうは炭のように真っ黒で、下のほうはそれほど焼けていなかった。

道端の死体も真っ黒で、反り返った状態になっていた。誰が掛けたのか、焼けたトタンのようなもので覆われた死体もあった。

その中を母と2人でおむすびを持って歩いていった。まさにこの世の終わりのような光景だった。

本家にたどり着くと、建物は焼けていた。でも、人の気配を感じたのか、祖母が煤で汚れて黒くなった顔で防空壕から出てきた。本家の無事を確認し、祖母におむすびを渡すと、来た道をまた戻っていった。

家が焼けても、柱などは焼けずに残っているところが多く、そうした木材を井桁《いげた》に組んで、死体が焼かれていた。地獄のような風景と、ものすごい臭いがしたのを鮮明に覚えている。

おそらく同世代の人たちは、自分のように、人生を3回くらい経験したような体験をしている人も多いと思う。

7～8歳下になると、幼児に近いから、こうした記憶はないと思うけれど。

当時、われわれは中学生になった頃だったから、ゲートルを巻いて学校に行っていたし、学校には見習士官もいた。だから、軍事訓練もやっていた。「非常呼集!」と号令がかかると、一斉にゲートルを巻いて整列する。一番遅いとビンタだから、みんな必死にやっていた。

匍匐《ほふく》前進もやったし、学校に三八式歩兵銃も1丁あった。もちろんわれわれは銃ではなく、木で作った木銃での訓練だった。

学校に自由なんてものはない時代だった。

もう少し年齢が上の世代なら、戦争に負けるということがわかっていたと思うけれど、わたしたちはまだ中学生だったから「絶対、勝つぞ!」と思って訓練をやっていた。「1日も早く兵隊さんになって、お国のために死ぬんだ」と本気で思っていたんだ。

だから、若くして兵隊になるためにはどうすればいいかを調べたりもしていた。自分の記憶では、少年戦車兵が16歳と一番若くして兵隊になれると知り、13歳の頃は、少年戦車兵になることを目指していた。

ところが、敗戦から1年も経たないうちにアメリカ文化に魅せられていった。節操がないというか、考え方が180度変わった。われわれというか、学校そのものが変わった。それまでは野球をしていても「ストライク」と言えないから「よし一本」。「よし」と「だめ」で野球をしていた。それが突然、英語に変わる。

だから、われわれも節操がないけれど、国全体も節操がなかった。世界を見ても、何がバックボーンかわからないけれど、信念を変えない民族や国もある。

その意味では、手前勝手な屁理屈で言えば、日本人は「柔軟」。第三者的に言えば

「節操が足りない」という気がして、今となっては密かに反省している。

何事にも良い面と悪い面が背中合わせにあるものだけど、こうした日本人の特性も、その1つのような気がしている。だから、どっちをうまく活用するか、ということが大切なのだろうね。

もの哀しいメロディに魅せられ、ギターを購入

戦後は、当時旧制中学だった浅野学園に入学、新制中学第一期生として卒業。そのまま新制高校に進んで、昭和26年（1951年）明治大学に入学した。

バンド活動を本格的に始めたのは大学生からだけど、高校3年生のときからやっていた。

ギターを始めたきっかけは、『湯の町エレジー』という曲が流行したこと。古賀政男が作曲して、近江俊郎が歌っていた。

これはわたしの推測だけど、日本人が敗戦に打ちひしがれていたから、当時、唯一の放送局だったNHKは『リンゴの唄』や『憧れのハワイ航路』とか、気分を高揚させるような歌ばかりを流していたのではないかと。

だから、当時の曲は、前奏が元気よく始まる歌が多かった。

ヒット曲をランキング形式で紹介するラジオ番組があって、確か『今週の明星』といったタイトルだったと思うのだけど、そこである日突然、ジャーン、ジャーンと、もの哀しいギター一丁の前奏で始まる『湯の町エレジー』が流れた。

明るく元気な曲ばかり耳にしていたから、この曲にえらく魅せられて、この曲を弾きたいと思った。

それで、近所のアメリカ兵の家の庭の芝刈りをしたりして、アルバイトで小遣いを貯めてギターを買った。

それがギターを始めたきっかけだ。

横浜・山の手にあったわが家の前の洋館は、第8軍に接収され、アイケルバーガー陸軍中将(当時)が住んでいたから、家の前にはいつもアメリカ兵の歩哨が立っていた。彼らからは食べ物の入った〝レーション〟をもらったりして親しくなっていた。

すると、その歩哨がギターを弾けるようで、ギターを指さして「そのギター、貸してみろ」と言って、われわれとはまったく違う弾き方をした。それがすごくかっこよかった。

われわれは指でギターを弾いていたけれど、彼はピックを使って弾いていた。まだロックはない時代だから、カントリー&ウエスタンだったけど、とにかくかっこよかった。

カントリー&ウエスタンと言ったら、アメリカ北西部の人たちにとっては日本人の演歌のようなもの。彼はそれを歌っていた。

後で聞いた話で、本当かどうかはわからないけれど、彼がいた第8軍は、テネシー州の州兵を中心に結成されていたらしい。彼も異国の地・日本でギターを目にして、思わず、カントリー&ウエスタンを弾きたくなったのではないかと思う。

当時は英語もわからないし、聴いたこともない歌だから、未だに、何の曲だったのかわからない。ただ、弾き方とリズムに魅せられて、一気に音楽の世界にのめり込んでいった。

だから、ラジオもNHKではなく、WVTR、後のFEN（現在AFN）のチャンネルに合わせるようになった。

毎日聴いていると、毎週土曜日には、テネシー州からの中継を聴けることがわかった。

それで、バンドを始めた頃、メンバー4～5人でラジオの前にかじりついて中継を聴いていた。というのも、バンドを始めても楽譜も何もないので、8小節ずつ全部メモして、自分たちで楽譜をつくっていたから。

歌詞も、英語の発音を文字にして覚えていった。当然のことながら間違いだらけだったけど、演奏も歌も、そうやって覚えていった。

ギターに興味を持ち始めた頃の堀さん（写真一番右）

人前で演奏することでバンドが成長

昭和25～26年、高校3年の卒業間際になると、横浜の街も焼野原から復興していった。

復興と同時に、なぜかダンス教習所というものがたくさんできていて、でっかい電気蓄音機でレコードを流して、先生からダンスを教わる人がたくさんいた。

ダンスホールは大きくて、米兵もたくさん来ていた。でも、ダンス教習所はサイズが小さく、来るのも基本的には日本人。

それで、練習をしているうちに、だんだんとレコードじゃ物足りなくなって、バンドの生演奏がいいとなったらしい。

さりとて、プロのバンドを呼ぶほどの予算はないから、われわれが呼ばれて行くようになった。

だから、週に1~2回、親父の背広を着て、小遣い稼ぎに演奏に行っていた。これがバンドマンになる始まりだ。

ちなみに、ダンスホールはほとんどアメリカに接収されていて、横浜では、伊勢佐木町と野毛山動物園近くに大きなダンスホールがあった。

当時、アメリカの占領政策で週1回、日本人に施設を開放する日があって、そんな日には、自分も友だちと遊びに行っていた。

ダンス教習所で演奏するようになると、弾くことそのものよりも、人に聴いてもらうことが楽しくなった。1人で練習をしているだけじゃ面白くないけれど、人に聴いてもらうから上達する。

腕が良いか、悪いかは別として、練習した成果を聴いてもらうことに意味があった。間違えたり、拍手をもらったり、恥をかくことで、バンドも進歩していった。

『ボタンとリボン』、それからしばらくして大学に入ってからは『テネシーワルツ』『ジャンバラヤ』などを演奏するようになっていった。

楽しい毎日だったけれど、当時、バンドは不良のやること。子どもがバンドなんかやっていたら、親戚に顔向けできないという時代。

だから、今は〝ミュージシャン〟と言うけれど、当時は〝バンドマン〟という呼び名だった。

ミュージシャンは憧れの存在だけど、バンドマンは社会的地位も非常に低いし、いかがわしいというか、危なげな商売と見られていた。

だから大学を受けるにあたって、バンド仲間たちと「昭和25年12月31日、今日をもってバンドをやめよう」と決めた。

それで、非常に遅ればせながら受験勉強をして、大学に入学すると、もうバンドなんかやるつもりはなかった。

親に申し訳ないという気持ちもあったから。

まぁ、当時、親父が朝日生命の横浜支店長から新宿支店に転勤になって、忙しい上、横浜から通っていたから、交通事情も悪く、家にもあまり帰ってこなかった。

それをいいことに、親父のスーツを借りて、ノソノソ出掛けて、バンドマンをやれていたわけだけれどね（笑）。

手に職をつけようと、洋裁学校へ通った母

父・貢《みつぐ》は朝日生命のサラリーマンで、母・満喜《まき》は実業家。いま思うと、父よりも母のほうが商才があったと思う。

戦争中は、満州や台湾、朝鮮に住んでいた日本人がたくさんいて、教育は日本で受けさせたいという親が多かった。母は横浜で『若草洋裁学院』という洋裁学校を経営

していたから、母の学校には、両親が外地にいる日本人の女子が洋裁を習いに来ていた。

母は、その子たちのために、近所に一軒家を借りて寮にし、住まわせていた。料理は彼女たちが当番で作るので、そのおこぼれに預かって、わたしも餃子や中華そばを食べていた。

うどん粉に水を入れて練ったものを筵《むしろ》の下に入れて、子どものわれわれがそれを踏まされる。次にそれを機械に入れて取っ手を回すと、ダーッと麺状になって出てきて、そばになる。

ちなみに、当時、中華街のことを南京町と呼んでいて、梘水《かんすい》という添加物を少量入れると〝中華そば〟、入れなければ〝日本そば〟になるので、よく南京町まで梘水を買いに行かされていた。そんな感じで、戦時中も始めの頃は、日本にいながら東亜圏の料理をしょっちゅう食べていた。

洋裁学校の広告のためだったのか、当時、横浜で一番の繁華街だった伊勢佐木町の入口にあったビルの角のショーウインドに、毎月、母がデザインした洋服が飾られていた。

なぜ、母が洋裁の技術を持っていたかというと、わたしが生まれたとき、「手に職をつけなくては」と目黒のドレスメーカーに通ったから。

というのも、父方の祖父は、東京に市電ができたとき、株で大儲けしたらしく、次男である父は慶応義塾大学を出て、朝日生命に就職したけれど、父からの資金援助で、自分で事業もやっていた。

ただ、サラリーマン生活が忙しく、二足のわらじが難しかったので、番頭に経営を任せていたところ、その番頭に金を持って逃げられて、電気・ガスを止められる事態になってしまった。

そのとき、もうわたしが生まれていたから、母は「子どもを食べさせるために」と洋裁を身に付けて、学校までつくってしまった。

残念ながら、その学校は1945年5月29日の横浜大空襲で全焼。ミシンも全部焼けてしまい、閉校せざるを得なかった。

とはいえ、母は非常にアクティブな女性。めげることはなかった。洋服だけでなく、食べ物にも関心が強く、帰国子女から、よく料理を習っていた。

それから、われわれが子どもの頃の寿司屋は屋台。今のファーストフードのようなもので、おやじたちは立って寿司を食べていた。反町《たんまち》駅で降りると、ラーメンの屋台と寿司の屋台があって、父ともよく一緒に行っていた。

その頃の寿司は食事というより、小腹が空いたときに食べるもので、1杯飲みながら寿司を食べる姿が、なんだか大人に見えた。

女性や子どもは、屋台の後ろのほうにある縁台みたいなところで食べさせられるので、「早く大人になって、立って寿司が食べたい」と思っていた。

ところが、母は女性でも、男性と肩を並べて、立って寿司を食べていた。わたしもそれに便乗して、子どもながら立って寿司を食べていた。

わたしは横浜生まれだけど、小学2年生の頃、父が大森支店の転勤になり、東京品川区の鈴ヶ森小学校という小学校にも通っていた。

ちょうど、昭和16年（1941年）12月8日の大東亜戦争が始まったときだった。その日から、学校の名前が「国民学校」に変わったので、よく覚えている。

授業で、先生が「今日から学校の名前が変わります。わかる人いますか?」と聞くので、元気に手を挙げて「鈴ヶ森国民小学校」と答えたら、みんなに笑われた。「国民小学校」ではなく「国民学校」が正解だからだ。

母・満喜さん（前列中央）が経営していた日本高等洋裁学院の生徒たちと

その後、父が横浜勤務になると、横浜に戻り、西洋館に住むようになった。それが小学3年生のこと。

母は東京に住んでいた頃、大井町にあった「日本高等洋裁学院」という学校の教頭をやっていた。わたしも3歳下の弟もまだ小さかったから、学校が終わると、母の勤める学校へ遊びに行って、生徒たちに遊んでもらったり、かわいがってもらっていた。

父も母も働いていたから、共働きの家庭。家に帰っても、誰もいない。お手伝いさんが1人いるだけ。

特別金持ちだったというわけではないけれど、共働きの家庭には、お手伝いさんがいる時代だった。

大学登校初日、隣りに座った学生が……

大学生になったらバンドは辞めると誓ったので、入学した頃はバンドはやらないつもりだった。

ところが、これも運というか、縁というか、またバンドを再開することになった(笑)。明治大学の商学部に入学して二十何組かに入ったところ、偶然、隣に座った学生が「宮崎くん」という非常に優秀な学生で、その宮崎くんのいとこがバンドをやっていた。そのいとこは宮崎くんの家に居候していて、学部は違うものの同じ明治大学の同学年でバンドをやっていたので、宮崎くんに「堀、うちに遊びにおいでよ。いとこの山田というやつがバンドをやってるよ」と誘われて、山田に会うことになった。

その山田が、後のマヒナスターズでベースを弾いていた山田競生《きそお》。

その頃はまだマヒナスターズは存在しないのだけど、山田もわたしもバンドをやっていたということで、お互いに興味を持っていた。

そして、ある日、山田から「1回、俺たちのバンドを観に来ないか」と言われ、遊びにいくことになった。向かったのは、今はもうない銀座の「東京温泉」。山田たちは屋上のビアガーデンで演奏していた。

遊びに行った日、なぜかギター弾きが来なかった。バンドのメンバーも困ってしまい、「堀、ギターやってよ」となってしまった（笑）。

当時は、横浜と東京では、距離的にもかなり遠い感じがしたから、横浜のバンドと東京のバンドも、遠い存在に感じていた。

つまり、東京の都会のバンドと横浜の田舎のバンドじゃ、差があり過ぎるのではないかと。

それで、こちらは少しヘジテイトしていたけれど、やらざるを得ない状況になり、やってみたら、案外できた。自分でも「あれ？」という感覚だった。

当日、来なかったギター弾きは、実はよそのバンドに引き抜かれて、それきり来なくなり、「どうしてもバンドに入ってくれ」とお願いされ、バンドマンに舞い戻ることになってしまった。

大学の登校初日、宮崎くんの隣に座らなければ、バンドを再開しなかったと思う。そう考えると、偶然の賜物であり、悪運の最たるものともいえる（笑）。

隣りに座った友だちのいとこがバンドをやっていて、そのいとこの演奏を観に行ったら、たまたまギター弾きが来ない……偶然の連続だ。

もっと遡れば、横浜の西洋館に住んで、アメリカ人の歩哨と親しくなり、アメリカ文化に毒されて、アメリカの音楽や文化が好きになったところから始まる。

われわれも、小学1、2年生の頃は明治チョコレートを食べていたのに、アメリカ兵にもらったチョコレートを食べたときは「こんなにうまいものが世の中にあるのか！」と驚いた。

しかも、アメリカのチョコレートは分厚くてものすごく硬い。

何をもらっても、アメリカのものは本当にうまかった。

でも、唯一、コカ・コーラだけは飲めなかった。初めて飲んだとき、「アメリカ人は、なんでこんなまずい、薬みたいなものを飲むんだ……」と思った。一口飲んだだけで、口の中が火事になるような刺激があって、思わず吹き出してしまった。

何年か経って、中高の同窓会で、日本コカ・コーラが誕生したときに入社したやつに会う機会があった。彼は、就職後、アメリカで研修を受けて帰ってきた。

それで、彼が言うには「コカ・コーラには〝民度〟があって、何通りかの味付けがある」と。だから、今でも新興国に行くと、ものすごく甘いコカ・コーラが売っているはずだと教えてくれた。

自分は、日本がまだ民度が低いときに一番ハイレベルなアメリカのコカ・コーラを飲んだものだから、辛くて、臭くて、飲めなかったと。だから、日本で初めてコカ・コーラが発売されたときも最初はとても甘くて、だんだんと辛口になっていった。

これは、歯磨き粉もそう。

最初の歯磨き粉は、とにかく甘かった。『スモカ』とかの時代だ。それが食生活や民度に応じて、どんどん刺激が強くなっていった。だから、戦後、『コルゲート』なんて使ったら、口の中が火事状態。

でも、そうやって、異文化に刺激というか、驚きを覚えていった。

横浜は港町で外国人が多かったから、ハイカラなものも多かった。うちの母親も、戦争が激しくなってきた頃に洋裁学校を経営するくらいだから、度胸もあったし、舶来もののパーマネントもかけていた。

ところが、戦争がいよいよ激しくなると、「パーマネントをやめましょう」という歌が出てきた。戦争をしているのに、敵国のアメリカ文化に毒されてはいけないと。

今でも、探せば聴ける歌だと思うけれど、軍国少年が母の横にきて、その歌を歌うこともあった。

これは、さすがに子どもながらに嫌だった。自分も兵隊さんになるんだと思っていたけれど、母を非難されるのは心苦しいことだった。

大学卒業を機にバンドを辞めて……

大学ではやらないと誓ったバンドを再開し、昭和30年（1955年）3月に大学を卒業した。それで昭和29年（1954年）12月31日、バンドを辞めることにした。当時、結構売れていたバンドだったけれど、後任のギター弾きを入れて、堅気の就職をするつもりだった。

ところが、学生時代、ろくに勉強もしなかったから、就職がうまくいくはずがない。そのうえ、当時は朝鮮動乱後の不況で企業側も採用に後ろ向き。

同級生で当時、一番良い企業に就職したのが、バンドを再開するきっかけになった宮崎くん。たしか、彼は東京で一番大きな信用金庫に就職した。その次に優秀な同級生はヤクルトに入社。当時は「ヤクルトって何だ?」と思ったが、彼の選択は間違いなかった。

マスコミ志望で文化放送でアルバイト

大学卒業を機に、再度バンドを辞め、就職しようとしたものの、そう簡単に就職活動がうまくいくはずがない。

結局、毎日新聞の記者だった父の弟の力を借りて、就職先を見つけることになった。当時、毎日新聞は民間放送の走りとして、ラジオ日本という民放をつくろうとしていて、叔父はその準備に携わる仕事をしていた。そこで、叔父の勤務先の本社がある有楽町ビルヂングを訪ねることになった。

毎日新聞はそこに7人の社員を派遣していて、叔父はそのうちの1人として、本社スタジオで試験放送をする部署に配属されていた。

ちなみに、その後、無事、郵政大臣から放送業の認可が下り、行政指導のもと、毎日新聞、読売新聞、朝日新聞、それに現在の電通の4社の計画を1本化することで免許が下りた。

それがラジオ東京で、現在のTBSテレビ。

そのラジオ東京の設立に叔父は携わっていたのだけれど、設立後のラジオ東京にそのまま行くのを潔しとせず、福岡に拠点があるラジオ九州（現RKB毎日放送）の初代東京支店長に就任していた。

そうした縁で、マスコミに何人も友人がいた叔父は、マスコミ志望だったわたしにいろんな知人を紹介してくれた。

まず紹介してくれたのが大映。当時は、大映が全盛の時代。

叔父は、大映社長時代に『羅生門』を制作したり、『大映スターズ』を結成してプロ野球に進出してパ・リーグの初代総裁を務めた永田雅一さんの息子の永田秀雅さんと友だちだと言って、「俺が紹介してやるから、アルバイトで行って、潜り込め」とアドバイスをくれた。

その言葉を信じて、調布にある大映の撮影所に行ったのだけど、体よく断られました（笑）。

その時、秘書部長をやっていたのが、後に大映テレビの初代社長を務める大堀昭治さん。撮影所に押しかけては、大堀さんに撮影所の食堂で昼飯をごちそうになって、世間話をして「さようなら」と（笑）。

その次に紹介されたのが、文化放送。当時は文化放送ができたばかりの頃で、事業部長を紹介されて訪ねることになった。

当時のラジオ局は1カ月分のタイムテーブルをポスターのような形に刷って、美容院と床屋に配っていて、それをアルバイトで配ることになった。

ところが、2、3カ月前まで、ワゴン・マスターズというバンドにいたので、面（顔）が割れていて、美容院へ行ったりすると、バンドのメンバーだとわかってしまう。仕方がないので、親父の古いボロボロのオーバーを借りて、マスクをして、ばれないように回っていた。

大田区と中野区を担当していたのだけど、目に見えて靴の底が減っていくことを実感した。

それくらい真面目にやっていたのに、中には悪いやつがいて、タイムテーブルを配らずに捨ててくるやつがいた。

すると、事業部の一番下っ端の社員が、軍隊式に「連帯責任」と言って、みんなが責任を負わされた。

まともに配ったわれわれとしては納得いかないし、憤懣やるかたない。しかも、つい最近まで有名なバンドにいて、金もいっぱい持っている。そうなると、「こんなやつの下でやってられない」となる。

同じように感じていたのが、バイト仲間の常盤。大相撲の双葉山の甥っ子らしく、金もたくさん持っていた。それで2人で飲みに行って「明日から行くのをやめようぜ」という話になり、翌日から行くのをやめた。

面白いのが、その後、何十年かして、ホリプロの仕事で文化放送を訪ねたときのこと。レコード大賞や歌謡大賞の票を各放送局が持っているので、「うちの誰々に1票お願いします」と頼みに行って、隅田という編成局長に「俺がもし、アルバイトを続けていたら、あんたの先輩だよ」と当時の話をしたところ、「堀さん、常盤は今いるよ」と。しかも局長になっていた(笑)。それで、何十年ぶりに常盤に会うことができた。

ちなみに、隅田という編成局長は、その後、ジャイアンツを辞めた長嶋茂雄さんのマネージメントを手掛けた人物。

そんなこんなで、結局、アルバイトからマスコミ業界に潜り込む作戦もうまくいかなかった。

とはいえ、元いたバンドには後釜を入れていたから帰ることもできない。それで、仕方がなく、自分でバンドを作ろうと。

何のコネもなければ、資金もない。何もないのだけど、まぁ、それを若気の至りというのだろうね。当時は「できる」と思っていた。

大宅壮一氏の自宅を訪ねて……

若気の至りだし、親に資金を出してもらうわけでもないので、親にも言わず、バンドを再開した。

バンド名は、スウィング・ウエスト。

ボーイ上がりのやつなど、メンバーを集めて、毎日、演奏を教えた。その中の1人が、田辺エージェンシーの田邊昭知。

田邊は、ギターバンド時代のバンドボーイだった。今でも付き合いがあるから、もう60年の付き合いだよ（笑）。

それで練習に練習を重ね、1年を待たずして、人気投票でトップにいた元バンドから王座を奪った。

つまり、人気投票で1位。当時、唯一のポピュラー音楽の専門誌だった『ミュージック・ライフ』で毎年やっていた人気投票で1位を獲得した。

9人のバンドで、わたしはギターでリーダー。マネージャーもいなかった。元いたバンドのワゴン・マスターズに対抗して結成したバンドだから、あらゆるプレッシャーをかけられて、みんなから「絶対うまくいかない」と思われていた。だから、マネージャーのなり手もいない。それで仕方なく、プレイングマネージャーをやっていた。

でも、ライバルがいたから、より一層頑張れたと思う。「打倒、ワゴン・マスターズ！」で烈火のごとく練習に練習を重ね、その結果が、人気投票1位につながったのだと思う。

人気を支えてくれたのがファン。バンドの後援会があって、メンバー第2号が評論家の大宅映子さん。

まだ高校生だったけど、ワゴン・マスターズの時代から、よくライブを観にきていた。当時は高校生だから、セーラー服を着て観に来ていたよ（笑）。

もともとワゴン・マスターズのファンだったけれど、スウィング・ウエストができてから、こっちを応援してくれた。

彼女いわく「夜8時か8時半の門限さえ守れば、何をやってもいい」と。セーラー服でジャズ喫茶に来る高校生なんてめずらしいけれど、門限を守っていればいいと（笑）。その縁で、親父さんの大宅壮一さんにもお会いしました。

ある日、彼女の16歳の誕生日のお祝いか何かで自宅に招かれたのだが、なぜか、ワゴン・マスターズでボーカルをやっていた寺本圭一と自分の2人だけ呼ばれていた。

自宅を訪ねると、大宅壮一さんがいました。おっかない顔をして（笑）。親だから、娘に変な虫が付くんじゃないかと心配だったのだと思う。だから、ほとんど会話はなく、挨拶しかできなかった。

こちらとしても、その気持ちを察知しているから、居心地が悪い（笑）。でも、お母さんがすごく親切な方で救われた。着物を着てらして、とても素敵なお母さんでした。

新宿コマ劇場で開催された「第2回ジャズは廻る」に
出演したスウィング・ウエスト（1957年9月27日）

スウィング・ウエストのステージ

それで、食事をごちそうになって帰りました。

ちなみに、一緒に大宅家に行った寺本とは、今でも会っている。年に1回、元バンドメンバーで正月に会っているのだけど、打倒ワゴン・マスターズで結成したスウィング・ウエストのメンバーは今でもみんな生きている。でも、ワゴン・マスターズのメンバーはほとんど亡くなってしまった。スウィング・ウエストのメンバーはわたしより年上が3人、一番下が78歳なんだけどね。

毎年1月、昼飯をごちそうする会を設けているのだけど、来年（2021年）はもう無理かなと思っている。2019年はみんな集まったけど、1人は昼飯会の間、ほとんど寝ていたし（笑）。寺本も昼12時からなのに、足が悪いからと、時間に余裕を持って11時に来ていた。みんなもう歳だからね。

とはいえ、こうして昔の仲間と今でも会えるというのは幸せなこと。

わたしも時々、人の名前や固有名詞を思い出せないことがあったりすると、2、3年、寿命が縮まる気がするから、健康も兼ねて、思い出せるまで頑張っている。頭の体操にも励んでいますよ（笑）。

長男の誕生を機にマネージャー業に専念

スウィング・ウエストでは期せずして、プレイングマネージャーをやっていたのだけど、その時の経験が今日のホリプロにつながっている。

「打倒ワゴン・マスターズ」を掲げて、目標を達成。でも、その後、長男が生まれると「今度こそ、本当にバンドマンから足を洗おう」と決心した。

当時、バンドマンはヤクザかチンピラのように思われていたからね。父親として、足を洗いたいと思うようになったわけだ。

そうなると、リーダー兼マネージャーで二足のわらじを履いていたから、マネージャーの経験を活かして仕事をすることができた。

でも、自分がバンドマンをやっていたからわかることだけど、バンドマンはそんな半端者ではない。バンドマンの社会的地位を上げるためにも、きちんと認められたいという思いがあった。

当時はもう、若気の至りという年ではなかったから、バンドマンやエンターテインメント業界を健全なものとして、社会に認めてもらいたいと思うようになっていった。

それが実現できるとは思っていなかったけれど、起業して、仕事をしていくうちに、上場企業にまでしていこうとなっていった。

そして2002年、それを現実のものにできた。

上場に動き出すきっかけとなった記事

1989年、ホリプロはプロダクションとして最初の公開企業になった。当時は今よりも基準が厳しかったから、上場に向けて証券会社の人を招いてレクチャーを受けたり、箱根合宿をしたりした。

そうして幹部が集まって勉強して、運良く店頭公開を果たすことができた。この公開も悪運が強いというか、運が良かったからできたことだと思っている。

今は「社会的信用の獲得」というよりも、「知名度の向上」や「資金調達の多様化」といった側面が上場を目指す要因になっているけれど、われわれの場合、ヤクザ商売という見られ方をずっとしてきた体験から、これを「なんとか生業として、きちんとしたものにしなければ」との思いがあった。

とはいえ、最初からそう思っていたわけではなく、会社を大きくするうちに、途中から段々と、そうしなければいけないと強く思うようになっていった。

そこで、目指したのが株式の公開。他に「これはまともな商売です」と証明する手段が見当たらなかった。

でも、実は、株式公開をできるなんて半分思っていなかったのに、どこかで「株式公開したい」という思いを言ったんだなぁ。

音楽記者が、その発言を週刊誌にアルバイト原稿の囲み記事として出した。すると、その記事を読んだ野村證券の人から、ある日突然、電話がきて「堀さん、本当にやるつもりですか?」と聞かれた。

聞かれたので「やりたいと思っている」と伝えると、後日、その人物が会社にやってきて、本当に動き出した。でも、情報交換をしていると、「堀さん、それじゃダメだよ。株式の上場というのは、そういうわけにはいかない」と言われてしまった。

上場を目指す過程で一番おもしろかったのは、証券会社の人がうちのバランスシートを見て、「堀さんのところの商売には、仕入れがありませんね」と言ったこと。

製造業と違って、人が原資だから、仕入勘定がない。それで、兜町の基準に合わせていくのにずいぶん苦労した。

当時、野村證券の社長は田淵義久さん。いよいよ「何とかやろう」ということになった頃、田淵さんに昼食に誘われてご馳走になると、田淵さんが「堀さん、よく決心したねえ」と言うので、「実は、どうしても社会的に認知を受ける商売にしたいと思っている。だけど、いろんな面で物差しが合わないところがあって……」と経緯を話すと、田淵さんは「僕が現場でやってるときもそうだった」と。「ヨーカ堂とかダイエーなどの上場をしたのだけど、既存の物差しに合わないことばっかりだった」と。だから「努力すれば、何とかなりますよ」と応援してくれた。

上場を機に、人間関係も広がった。例えば、日本合同ファイナンス(現ジャフコ)にいた後藤光男さんとは、今でも親しくしています。

最初の出会いは、上場の前。会社にやってきて「堀君、ぜひホリプロの株を合同ファイナンスで持たせてくれ」と。それで最終的に5%程度持ってもらった。

後藤さんは、後に野村證券の社長になった鈴木政志さんと同期で仲が良かったから、よく3人で飲みにも行きました。

野村證券の副社長だった井阪健一さんにもかわいがってもらった。

ホリプロは1997年に東証2部に鞍替えしたのだけど、当時、東証にいた井阪さんと最初に出会ったのは、東証2部にいた頃だったと思う。北海道拓殖銀行や山一証券の倒産による金融危機に続き、ITバブルが崩壊して、日本全体が不景気だった。そんな頃、井阪さんがわざわざ電話をかけてこられて「うちの社員を手伝わせるから、1部に来ないか」と提案された。

「兜町が沈滞しているから、あなたみたいな会社が来て、元気にしてくれ。うちで手伝いを出すから」と。その言葉どおり、優秀な社員を派遣して下さり、ホリプロは2002年東証1部上場の企業になった。

今、うちの経営企画本部の担当役員は、その時、東証から来てくれた人物。今もホリプロを支えてくれています。

だから、井阪さんには足を向けて寝られない。井阪さんがあそこまで言ってくれたからこそ、頑張って、東証1部上場を果たせた。

山登りと同じで、途中で腰を下ろしてしまうと頂上まで登れない。わたしは中学生時代、山岳部にいたことがあるから、その感覚がわかる。だから、1部上場も、野村

2002年の東証1部上場時の記念写真。写真右から、ホリプロ社長の堀義貴氏、当時のホリプロ会長の小田信吾氏

2002年9月2日、上場後に撮った集合写真

ホリプロ株公開

2月22日

芸能企業2番目

人間産業認知へ

日刊スポーツ 1.20 '89

和田アキ子、石川さゆりらが所属する芸能プロ「ホリプロダクション」（堀威夫会長）が2月22日、株式店頭公開することが19日までに決まった。芸能関連企業では、大阪の「吉本興業」（東証一部）に続く2番目の公開だが、いわゆるアイドル中心の芸能プロでは初めて。公開価格は1470円前後とみられるが、同プロは芸能プロが社会的認知を得る機会とみて意気軒高だ。

申し込みは2月13〜15日、1470円前後に

「さゆりヒットで50円高」。兜町にどんな情報が飛びかうことが珍しくなくなった。このほど決定したホリプロの株式店頭公開スケジュールによると、2月10日に公開価格が決定、同22日から売買が開始されることになる。公開株式数は59万1000株。申し込み期間は2月13－15日で、同21日が払込日となった。

ひと口に株式公開といってもタレントが中心商品だけに、公開価格の算定、買いか売りかなど判断は難しい。昭和38年設立の同プロは昨年3月期決算で売上高が52億9900万円、経常利益が7億2600万円だから、価格決定のバロメーターとなる一株益が24円10銭となる。参考基準となる同業種の吉本興業は今期一株益22円80銭が予想され、現在1300円台を推移していることから、ホリプロの公開価格は1470円前後とみられる。

さらに初値は、昨年8月大蔵省から証券界に要請の出た上昇率15%以内の自主規制ルールが作用して、1700円前後と市場関係者はみている。株式は主幹事の野村証券など各引受業者を通じて売られるが、新規公開株の前例にもれず、一般のファンなどの入手は難しそう。ただ、市場の反応はやや冷ややか。株式評論家の木村佳子さんは「株主はタレントと食事ができるとか、株主優遇対策を打ち出さないと食指は動かないわ。もっと安い株でうまみのあるものはたくさんありますから」とそっけない。

堀会長13年来の悲願実現

赤丸付き急上昇といくかな?

しかし、公に口にし始めて13年来の悲願を達成した堀会長以下ホリプロ社員の鼻息は荒い。堀会長は事あるごとに「人間産業として世間に認知させたい」などと発言。その手段として株式公開を目指してきた。さらに社員持ち株制度も発足させ、引退した山口百恵さんや森昌子さんらかつてのドル箱スターたちも端株株主という。和田アキ子さんは「私も小株主だけど、良いことよ」と歓迎。同社の最終目的はあくまで上場。水商売的イメージから企業としての認知へ、思惑通り赤丸付き急上昇といくか注目される。

吉本興業は 戦後証券取引所再開（昭和24年）と同時に株式を上場している。無借金企業として、地元大阪では優良企業扱いされており、お笑いブームに乗り、昨年5月には1970円の高値をつけている。その後の円高ムードで今期経常は減益予想。このため、株価は昨秋一時1250円まで下げ、現在も1300－1400円でもみ合っている。ホリプロの株式公開が明らかになったこの日、市場は無反応で、東証は商いなし。大証でも1万1000株の小商いで1440円、10円安で引けた。

悲願成り、株式公開にこぎつけたホリプロダクションの本社ビル（東京・目黒区） 顔写真は上から堀威夫会長、和田アキ子、石川さゆり

88年8月以降の店頭公開株

公開日	企業名	公開価格	初値	上昇率（%）
8・3	東日本ハウス	2920円	3350円	15
8	平和	5130円	8500円	66
9	スミダ電機	1240円	1420円	15
9	[illegible]	1800円	2300円	28
16	応用地質	4350円	4980円	14
18	光ビジネスフォーム	1480円	1700円	15
9・9	ピジョン	1960円	2250円	15
9	アスクプランニングセンター	3400円	3910円	15
14	アイレックス	1120円	1230円	10
14	ウエルコート	1540円	1770円	15
20	積和不動産	1250円	1410円	13
26	日本開閉器工業	2500円	2630円	5
26	クリナップ	1630円	1800円	10
28	シャレコ	2500円	2750円	10
28	日本データー機器	1430円	1640円	15
10・4	ジャパンシステム	2930円	3350円	14
5	佐藤秀工務店	3000円	3370円	12
5	オリンピック	2390円	2740円	15
31	住宅流通	2290円	2430円	6
11・7	プロルート丸光	3160円	3500円	11
8	新日本工販	3290円	3620円	10
10	大谷工業	725円	780円	8
10	[illegible]	2530円	2900円	15
16	北陸電話工事	650円	712円	10
16	ジャムコ	760円	840円	11
16	エスコム	950円	1050円	11
17	アロカ	1660円	1900円	14
22	ミナトエレクトロニクス	2520円	2780円	10
22	イズミ工業	1030円	1100円	7
25	焼津水産化学工業	1360円	1530円	13
25	キヤノンコピア販売	1350円	1440円	7
28	マンダム	3110円	3300円	6

1989年1月のホリプロの店頭公開記事が掲載された日刊スポーツの新聞記事（1989年1月20日）

から来た担当者がうちの幹部を叱咤激励して、どうにか頑張ることができたと思っている。

こうして苦労して上場企業になることで「社会的に認められる産業になる」という目標を果たすことができた。

ただ、次の世代にバトンを渡すことを考えると、また違った思いが芽生えてきた。

１９８４年に社長を小田信吾君に託して、わたしは会長になり、２００２年からは次男の義貴が社長を務めている。

自分の代では、ホリプロが社会的認知を受けるための手段として株式公開をしたけれど、当社の事業には資金調達の必要がそれほどない。

一方で、四半期決算の発表や公開企業としてのレギュレーションなど、上場コストがどんどん上がっていった。

そうなると、上場している意味は少なくなってくる。当初の目的である「産業として認めてもらう」ことで事が成ったと。

それで、次の若い世代たちに上場コストを押し付けるのは気の毒だなという思いで、上場をやめることに決めた。

ちなみに、今の肩書はファウンダーで取締役でも何でもない。ホリプロの株も1株も持っていない。3年程前に息子たち2人に半分、つまり4分の1ずつ継承して、残りの半分はホリプロの財団を作って、そこに寄付した。

もうやるべきことはやったから、思い残すこともない。

山口百恵の時代でも「2割5分」の経営

芸能界は浮き沈みの激しい業界。それに、人間だから本人の意思による引退もある。それで拡大というよりも、リスクマネジメントをどうするかを考えているうちに、商売の〝際〟がどんどん広がっていった。

それが良いことかは、前線が広がり過ぎて甚だ疑問なところでもあるけれど……。

例えば、最初はプロダクションだったから、1人のタレントの売上規模が2割5分を超えたら「もう赤ランプだ」というふうに自分の中で考えていた。

だから山口百恵の全盛期でも、実は彼女の売上げが全体の2割5分に行ったことはない。最高で2割3分で収めている。

これは、ある種の思い込みのようなものも影響している。というのも、創業当初の苦い経験があるからだ。

ホリプロに守屋浩しかスターがいなかった時代、彼が飲酒運転で事故を起こしてしまった。それで、会社が倒産ギリギリのところまで追い込まれてしまった。

そのとき、痛いほど「1人のタレントだけに頼るのは危ない」と身に染みた。

よく考えたら、戦国武将・毛利元就の教えである「三矢の訓」でも3割3分3厘。われわれは毛利元就より才能がないのだから、1つの商品でマックス2割5分だと。そう考えて、とりあえず「2割5分」というラインを決めた。

今も昔も頑張ってくれている和田アキ子を見つけたきっかけも、その考え方によるもの。

当時、大阪支社があって、昔、わたしのバンドで歌を歌っていた後輩をマネージャーにして大阪支社をやらせていた。その彼から「堀さん、おもしろい女の子がいるから1回見に来てよ」と電話があり、大阪まで見に行って、すぐに彼女と契約した。

彼女は当時、ダンスホールで楽器を運びながら歌わせてもらっていた。だから、自分でも「ボーヤ」じゃなくて「ジョーヤ」だと言ってたよ（笑）。

彼女に会う前、ホリプロはスパイダースとか一連のグループサウンズをやっていて、彼らを「神聖化されたアイドル」として売っていたから、この時代が終わった次に何をするかを探していた。そんな頃、和田アキ子に会って「これでいこう」と即断した。

今度は「黒っぽく、ロックンローラー」で行こうと。

目標がないと散漫になってしまうから、何事もコンセプトが大事。リズム&ブルース、グループサウンズをやってきたから、今度はソウルを歌えるやつを探そうという思いが、和田アキ子との出会いにつながった。

そんな感じで何歳の頃に考えたのかはっきり覚えていないけれど、1人のタレントに依存し過ぎるのは非常に危険だと「守屋浩の酒飲み運転」で痛いほど体験して、それ以来、ずっと2割5分の経営を進めてきた。

ただ、横へ横へと事業を伸ばしていくことが、果たして本当に正解かどうかはわからない。

それでも、少なくとも、商売の〝際〟というか、1人のタレントではなく、1つの会社が2割5分以内で収まるようなグループにしようという考え方にはなっている。

とはいえ、時代も変化しているから、次なる経営者がそれをそのまま継承するかどうかはわかりません。

ウルマンの詩に励まされて

昭和7年生まれで、いま87歳。昔を振り返ると、どの時代もおもしろかったけれど、当時は結構、辛かった。

資金繰りの問題も経験しているしね。外から見ると、良いことばかり浮かび上がって見えてくるけど、現実はそんなことはないからね。

その意味では「綾なす縄のごとし」。

好きな言葉を聞かれることがよくあるけれど、わたしはウルマンの「青春の詩」と答えている。

40代前半の頃、何かの雑誌の対談で扇谷正造さんが「青春の詩」のことを話していて、なんだか妙に引っ掛かった。

1982年5月23日に神奈川県・大磯の『レイクウッドゴルフクラブ』で開催した「アバウト会」での記念写真。写真、後列左が堀氏、左から5人目が石田達郎氏

それで当時、一生懸命、その詩を探したのだけど、なかなか見つからなかった。だから、その対談の中で扇谷さんが言っている一節ぐらいしかわからなかった。でも、モノって欲しがっていると集まってくるものだね。岡田義夫、松永安左エ門など、日本語に訳した人が3人ぐらいいることがわかった。

後にフジサンケイグループのトップを務めた石田達郎さんが、まさにこの「青春の詩」の生き方をされていたので、石田さんに「あなたの生き方のもとがわかったよ。『青春の詩』ですね」と言ったら、「なんだそれは？ 俺は知らない」と言う。それで「コピーして送るから」と言って送ったところ、すっかり「青春の詩」に魅了されて、いつもコピーをポケットに入れて持ち歩いていました。

その後、何かの会合で石田さんはウルマンの子孫か親族に偶然会ったそうで、そのときのことを嬉しそうに教えてくれました。だから、石田達郎さんが「青春の詩」を好きになったのは実はわたしがきっかけ(笑)。石田さんはだいぶ先輩だけど、非常に仲良くさせていただきました。

「今時の若いもん」は言いっこなし

もう60年以上エンターテインメント業界にいるけれど、バンド上がりで、この世界に入った同期や仲間は死屍累々。

なぜ自分がこうしていられるのかというと、運が良かったということに尽きる。あとは、周りに流されない部分があったからかな。その意味では、この世界の人間としてはかわいげがない。そこは、マイナス要因だなとも感じている。ただ、そう自覚していても、半分、性格だから仕方がないかなと。

そう思うと、わたしの人格形成には母親の存在が強く影響している。

母は、わたしが生まれてから手に職をつけようと、学校に通い、自分で洋裁学校までつくった実業家タイプ。一方の父は慶應大学を出て、どちらかというと遊び人タイプ。父のそうした性格のおかげで、母が苦労して洋裁学校をつくることになったのだけど……。

母は、残念ながら、スウィング・ウエストを結成して間もなくの頃、病気で亡くなった。まだ40代後半だった。

スウィング・ウエストは結成したばかりで成功したとはいえない状況だったけれど、ワゴン・マスターズの姿を見せられたのは、せめてもの親孝行だったかな。

母は非常に負けず嫌いな女性で、わたしも母親のDNAを譲り受けているなという気がしている。若い頃は辛いことがあると、母親のことを思い出すこともあったけれど、さすがに今はもうない。忘却の彼方です(笑)。そういうわたし自身が、人生の終焉に近づいているからね(笑)。

よく「今時の若いもん」と言うけれど、この言葉は昔からある。だから、それは言いっこなしだよね。だって、わたしも、かつては「今時の若いもん」だったのだから。

ただ、いつからか覚えてないけれど、まだ会社のリーダーだった頃、うちの若手たちに「いい顔作ろう」と言っていた。本社1階のエレベーターホールに鏡があって、その鏡の下にも小さな字で「いい顔作ろう」と書いてある。あまり押しつけがましく言うのも何なのでね。

家を出てくる前、歯を磨いたり、顔を洗ったりするときに鏡を見るはずだから、しっかり自分の顔をメンテナンスしてこいと。それで会社に来たら、エレベーターに乗る前に、もう1回鏡で再チェックしろと。

いい顔と言っても、色男という意味ではなくて、自分の顔に責任を持て、ということだよね。

麻布の三井家でバンド練習

社会人になりたての頃は、テレビ局ができたばかりでテレビ業界は学卒者が足りない時代だった。

だから『光子の窓』など日本のテレビ界の歴史で欠かせない人物の井原高忠さんも、実はワゴン・マスターズのリーダー。わたしも同じ時期、ワゴン・マスターズに在籍していた。

井原さんがどういう経緯で日本テレビに入ったのかはわからないけれど、マスコミへの就職に失敗してフラフラしていた頃、井原さんに「堀、日本テレビに来い」と言われたことがあった。

でも、当時は、メンバーを集めてスウィング・ウエストを結成したばかりの頃。自分だけ良い思いをして、さようなら、という訳にはいかない。それで、井原さんに「申し訳ない。斯く斯く然々の理由で、ご厚意を受けるわけにいかないんだ」とお断りした。だから、井原さんに誘われるタイミングがもう少し早ければ、日本テレビに入っていたはず。

ところが、井原さんは1人分の入社枠をもらっていたらしく、枠が空いて困ってしまい、「誰か他にいないか？」と聞かれたので、小学校から大学まで一緒で、バンドも一緒にやっていた秋元近史という人物を紹介した。彼は後に『シャボン玉ホリデー』も担当した人物だ。

この秋元が面白いやつで、父親は秋元不死男という俳句の大家。大学までバンドをやっていて、卒業後は親戚が経営する農機具か何かのメーカーに勤めていた。社名は覚えていないのだけど、小田急線の柿生《かきお》という駅の近くに工場があって、そこを訪ねて「斯く斯く然々で、おまえが俺の代わりにどうだ」と誘いに行ったのを覚えている。それで、彼も渡りに船だったので、日本テレビに入ったという経緯だ。

まさに「縁は異なもの味なもの」だね。

ちなみに、日本テレビに誘ってくれた井原さんは三井の系統の子息で、名前も高忠。三井系の子息はみな〝高〟の字を名前に入れている。

井原さんの親父は殿様みたいな人だったらしいけれど、若くして亡くなり、母1人子1人の家庭だった。

それで、ワゴン・マスターズの練習場として、麻布三の橋の三井本家を利用させていただいていた。今はもうないけれど、当時はでっかい家があった。三の橋の本家の敷地の中に別棟があって、井原さんは、そこに住んでいた。

見たこともないような立派な家で、「すげえ家だなぁ」と思っていた。本宅のほうへは入らなかったけれど、別棟でもすごい家だった。

井原さんは面白い人で、日本テレビの局長まで務めた後、ハワイに住んで、ハワイでラジオ番組を作ったりしていた。

ところが、自分が選んだハワイの町がどんどん開発されて「自分のイメージするハワイと違ってきた」と言って、その後、ジョージア州に移住。自由な人でした。娘さんがジョージアに住んでいたので、晩年は娘さんが住んでいる家の敷地内に自分で家を建てて、奥さんと2人で住んでいた。

残念ながら、その家には行けず仕舞いになったけれど、「アメリカは何でもデカい。薬もデカすぎて飲めねえ」と言っていた。

『ゲバゲバ（巨泉×前武ゲバゲバ90分！）』を一緒にやっていた関係もあって、井原さんは大橋巨泉さんとも親しかった。

わたしも巨泉さんとは「キョセン」「リーホ」と呼び合う仲で、キョセンの弔辞も読ませていただいた。

ちなみに三井の迎賓館である三井倶楽部には、井原さんの関係ではなく、銀行の関係者に連れて行ってもらった。

あそこで初めて「マッカラン50年」を飲ませてもらったのだけど、迎賓館の人が言うには「マッカラン50年」は2本だけあって、1本は売ってはいけないものだと言っていた。要するに、ステータスとして置いておくと。

そんな貴重なものを飲んでは悪いなと思ったけれど、当時はバブルの時代。銀行も羽振りが良かったから、ワンショットだけご馳走になりました。

年配のバーテンが教えてくれたことだけど「シングルモルトは、もう1杯飲むのなら新しいグラスで飲め」と。

シングルモルトは、飲んで空になったグラスの残り香が時間とともに変化するのを楽しむものだと教えてくれた。

ブレンドのウイスキーでは、そういう飲み方はしないよね。なるほど、と思いました。

それから、新宿に66年間通っている『鳥茂』という店がある。鳥茂と言いながら、鳥ではなく豚と牛を出してくれる（笑）。馴染みの店だから、そこへ行くと、いつも大将が「竹鶴25年」を取っておいてくれる。それでショットグラスを2つ、3つ置いて飲むのが恒例。

『鳥茂』には爺さんの代から通っているから、屋台で営業していた時から知っている。

復員兵が7人で始めた屋台だった。

今はもう3代目になっている。商売熱心で、常に新しい料理を開発している。客席も100近い立派な店に成長した。66年通っているから、おそらく馴染みの客の中でも最高齢。古巣の客ということもあり、メニューには載っていない裏メニューをはじめ、いろんなものを出してくれるよ。

時代の流れを読む

人気絶頂のワゴン・マスターズに対抗して結成したスウィング・ウエストが成功した理由を振り返ると、努力はもちろん、時流を掴んだことも大きかったと思う。

というのも、ワゴン・マスターズのメンバーは6人だけど、スウィング・ウエストは9人編成でスタートした。メンバーが3人多い理由は、ドラムを入れたから。

カントリー&ウエスタンには、もともとドラムを入れてはいけないという伝統があった。

ところが、カントリー&ウエスタンの異端児であるエルヴィス・プレスリーが登場すると、ドラムを入れたレコードで大ヒットした。

エルヴィスがカントリー&ウエスタンに革命を起こそうと思っていたとは思わないけれど、結果として、カントリー&ウエスタンの伝統を変えて、ロックンロールという音楽を世界中に普及させた。

エルヴィスの曲をワゴン・マスターズで演奏するときは、エルヴィスの歌を日本語の歌詞にしてレコードを出すのだけど、レコーディングのときだけドラムを入れて、ステージに立つときはドラマーなしで演奏していた。すると、生演奏が、どうにも間が抜けた音楽になってしまう。

それで、ドラムを入れるか、入れないかという論争がアメリカでも日本でも起きていた。

わたしと寺本圭一はドラムを入れたいと思っていた。それで、ドラムを入れたバンド、スウィング・ウエストを結成した。

そういう経緯もあって、結成当初はワゴン・マスターズのマネージャーに悉く妨害されたけれど、ドラムを入れたことで、時流をうまく捉えられたのかなと思っている。

ワゴン・マスターズでは古色蒼然とした形で演奏をしていたけれど、スウィング・ウエストはリスクを取って、新しい形を提案した。

当時は、メンバーが増える分、コストが上がって経営がうまくいかないなんて一切考えなかった。思い上がりもあるけれど、ただただ突っ走っていた。

第2章
時代

ハンフリー・ボガートに憧れて……

いろいろ語ってきたものの、実は自分の記憶はあてにならない（笑）。新しいことが入ってくると、バンバン忘れてしまう。記憶ってものは不思議なものだよね。例えば、映画を観に行っても、映画館を出るとストーリーを忘れてしまう（笑）。それなのに、印象に残ったシーンだけは覚えている。

若い頃、トレンチコートを買ったのも、映画のワンシーンがきっかけ。主題歌が『アズ・タイム・ゴーズ・バイ』というジャズのスタンダードで、主演女優がイングリッド・バーグマン。映画のタイトルは……『カサブランカ』。タイトルは人に言われて、ようやく思い出す、そんな程度（笑）。

ハンフリー・ボガートがトレンチコートを着ている姿がとにかくかっこ良くて、そのシーンだけ覚えていてトレンチコートを買いました（笑）。

映画のタイトルも俳優の名前もストーリーもすぐに忘れてしまうから、そういうことを全部覚えている人はすごいなと思う。

将棋のプロも対決が終わってから、相手の分も含めて全部の手を最初から打ち直せると言うよね。やっぱり脳みその量が違うんだなと感じます。われわれなんて、一手一手、必死に打っても頭に残ってない（笑）。

息子が生まれたのを機にバンドを辞めて、いわゆる表方から裏方に回ろうと決めたけれど、これも息子の誕生が自分の背中を押してくれたという感じ。

どちらかというと、節目に何かポイントを置くクセがあるんだな。文章でいう〝読点〟みたいなもので、人生にも句読点がないと、生きていけないという考え方。

子どもが生まれて裏方にまわったのは、当時、われわれがやっていたようなバンドでは、女房持ち、子持ちでは人気を取るのが難しい時代だったということもあった。だから、今みたいにバンドマンも家庭を持つのが普通の時代になるとわかっていたら、バンドを辞めなかったかもしれない。

それで、思い切ってバンドを辞める決断をしたわけだけど、そのときは、ちょうど『恋の片道切符』のニール・セダカが日本に来ていて、われわれのバンドが日本全国を一緒に回っていた。

当時、われわれのグループが日本では一番質が高いと評価されていたのか、あの系統のシンガーが来日すると、だいたいわれわれのバンドが一緒に全国を回っていた。だから『ダイアナ』や『マイウェイ』で有名なポール・アンカとも日本中を回ったよ。

新幹線のない時代だから、移動は夜行列車。寝台車で揺られながら、あちこち行っていた。夜に乗って、朝に着き、昼から営業というスケジュールだったから、『銀河』や『月光』あたりの寝台車だったと思う。

ちなみに、ポール・アンカが初めて日本に来たときは17、18歳。若いし、やんちゃで相当な悪ガキだった（笑）。

ニール・セダカはおっとりした紳士で、父親と2人で来日して、当時、わたしが住んでいた麻布笄町《こうがいちょう》の一戸建ての借家まで来て、女房が作った昼飯の天ぷらを一緒に食べたこともあった。

今は麻布笄町という地名はなくなり、西麻布になっているけれど、笄町、霞町《かすみちょう》、それから少し離れて箪笥町《たんすまち》……昔は風情のある地名があった。

そんな感じで、日本そのものはまだ貧しかったけれど、外国のタレントが日本に来て夢を与えてくれる時代だった。

観客の熱気も凄まじく、ポール・アンカと一緒に出演した京都の公演では、観客がどんどん前に来て、山になっていた。

山になるということは、当然、下に人がいるんだよね。自分たちは舞台の上にいるからわからなかったけれど、運営がこれ以上は危険だと判断して、演奏を中止して、一時避難したこともあった。

当時は、公会堂のようなコンサートホールがなかったから、ライブをやるのも映画館。確か、京都の松竹座だったと思うけれど、劇場の担当者がやってきて「危険だから、一旦、演奏を中止して下さい」と言われたよ。

今でも心底尊敬する伝説の興行主・タツ・ナガシマ

ニール・セダカやポール・アンカの来日公演を手掛けていたのは、〝呼び屋〟という興行主。その興行主としてポピュラー系音楽で一番多くのタレントを呼んできたのが、タツ・ナガシマさん。当時、「タツ」といえば、「世界の業界で最も有名な日本人」と言っても過言でない人だった。

本名は永島達司と言って、晩年はホリプロの役員までやってもらいました。お父さんが三菱銀行のロンドン支店長を務めていた関係で、語学が達者。アメリカ人の歌い手もビックリする語学力を持っていた。

それから、すごく人が好いので、ビートルズのポール・マッカートニーはデザイナーをやっている娘さんの世話も永島さんにお願いしていた。

永島さんはビートルズを日本に呼んで、武道館公演を実現させた人で、こんなエピソードがあります。

ビートルズ側のマネージャーはブライアン・エプスタインという人物で「タツがやってくれるなら日本へ行く」ということで、永島さんのところに話がきたのだけれど、永島さんは最初、それを断った。

自分の身の丈に合わないというのが、その理由。

当時は日本に外貨がなく、ビートルズを招くには金額が大き過ぎて外貨の枠が取れない。厳密に言えば、外為法違反をしなければ日本に呼べないと。

それで、永島さんは1回断った。すると、読売新聞社社主だった正力松太郎氏が

1981年11月24日、香港出張での1枚。写真左から2人目が永島達司氏、一番右が堀氏

「経済的な面は全部面倒見るから、ぜひやってくれ」と言うことで、永島さんはボストンバッグにドルを入れてロンドンへ行き、契約をしてきたそうです。

永島さんはイベンターの協同企画（現キョードー東京）の創業者で、わたしが今でも心底尊敬している人物です。「この人に少しでも近付きたい」と。それくらい、人となりも魅力的な人でした。

永島さんのすごいところは、ご自身の立場や地位、また相手の地位や立場がどう変化しても、ずっと同じ付き合い方をすること。偉い人が肩書が外れて偉くなくなったり、逆に、偉くなかった人がだんだん偉くなっていっても、永島さんの接し方はまったく変わらない。素晴らしい人物でした。

そもそも、呼び屋になった経緯にも人柄が表われている。永島さんに聞いた話だけど、日本が戦争に負けてアメリカの進駐軍がたくさん日本に入ってきた頃、当初は進駐軍も日本に慣れておらず、道に迷うアメリカ人も多かったと。

それで、新宿かどこかで道に迷っている外国人がいたので、英語の堪能な永島さんが人助けをしたところ、相手が横田の空軍基地のオフィサーズクラブという将校クラブのマネージャーで「おまえ、オフィサーズクラブに来て働いてくれ」とスカウトされたそうです。

ちなみに、米軍基地には将校クラブ／下士官クラブ／一般の兵隊クラブの3つの施設があって、そのオフィサーズクラブにわれわれワゴン・マスターズが毎週呼ばれて仕事に行っていたことが永島さんとの出会いにつながった。

横田、立川、厚木などの基地でも演奏したし、全国銀行協会も当時はGHQに接収されてバンカーズクラブと言われていたから、そこでも演奏した。新橋の第一ホテル、今は東京宝塚になっているアーニー・パイル劇場でも演奏していたよ。

サインを小切手にして円に換金

そういえば、当時、ステージの出演料は日本の賠償金で払われていた。日本がアメリカに賠償金を払って、そのお金でステージの支払いをしていたと。

だから、われわれは準公務員のような感じ（笑）。演奏が終わると、クラブマネージャーが書類のようなものにサインをして、渡される。それを大手町の朝日生命本社にあった終戦連絡事務局に持っていくと、小切手になる。

それで、その小切手を持って、近くにあるバンク・オブ・アメリカやチェース・ナショナル・マンハッタンなどの外資系の銀行に行って、日本円に換えるという流れ。

第一ホテルには、毎週1回演奏に行っていた。

朝鮮戦争が始まると、アメリカ兵は前線で2週間ほど戦って1週間ほど休みになる。朝鮮からアメリカは遠いから、帰国せず、日本に遊びに来るわけだ。

彼らは前線にいるときはお金を使えないし、前線にいると、通常のサラリーに危険手当が付くから給与もたくさんもらえる。そして、人によっては明日か明後日、前線に戻って死ぬかもしれない。

そうなると、日本での遊び方も普通とはちょっと違ってくる。われわれが所定の時間に演奏を終えようとすると「オーバータイムでやってくれ」となる。観客席で帽子をまわして、その中にドルや日本円、軍票などを入れて延長を要求されるので、結局、朝昼晩仕事をしていた。

ただ、円にドル、軍票、それから朝鮮戦争中だったからウォンまで混ざっていて、勘定がよくわからない。だから、第一ホテルの仕事が終わると、ビリヤードの台の上にそれを広げて、1人2~3回掴み取りしてギャラを分配していた（笑）。

軍票はわれわれは使えないので、基地の仕事に行ったとき、そこの兵隊に頼むと『ラッキーストライク』や『キャメル』『オールドゴールド』といったたばこやウイスキーの『ジョニーウォーカー』など、欲しいものに換えてくれた。

そうやってアメリカ兵を相手に演奏を続けるうち、日本も復興して、日本人向けの仕事も増えていった。

当時は〝ジャズコン〟と言って、日本人向けのイベントがたくさんあった。〝ジャズコン〟はジャズ・コンサートの略なので、カントリー&ウエスタンのわれわれが出るのはおかしいのだけど、出演していた。

おそらく、当時は横文字の音楽は全部「ジャズ」と解釈していたのだと思う。だから、ジャズのバンドも出るし、われわれも出るし、バッキー白片などハワイアンも出ていた。だから、もうメチャクチャだよね（笑）。

演奏できる場所も日比谷公会堂と共立講堂ぐらいしかなかったのが、日本の復興に伴って、しばらくしてから東京体育館などができていった。

テレビがまだなく、映画全盛の時代。しかも、映画も邦画ではなく、洋画が流行っていたから、その主題歌、例えば『ボタンとリボン』『アズ・タイム・ゴーズ・バイ』などのヒット曲を知ったかぶりして演奏すると、客受けが良くて、妙にお客が付きました（笑）。

ヒロポンが薬局で売られていた時代

結婚したのは大学を卒業した翌年の24歳。意外と早い結婚だけど、そのときにはもう女房を食わせられるぐらいの給料をもらっていたから、自分の中では自然なことだった。

本当はもっと早く結婚したかったけれど、自分のバンドを作ることになって、1回結婚を先延ばししたから、もうこれ以上先延ばしはできないなと。

まぁ、結婚も何かに突き動かされてのことなのだろうね。だから、これもひとことで言うと、若気の至り（笑）。

ただ、いつも言うことだけど、「若気の至り」は若者の特権だと思う。年を取ったら訳知りになって、恐くてできないことも、若気の至りで突っ走れるものだから。

「若気の至り」というのは、通常、非常にネガティブな響きがあるけれど、ものすごいエネルギッシュでポジティブな面があると思う。「火事場の馬鹿力」みたいなね。

ただし、気を付けなければいけないのは、そこで生き残れるのは運の良いやつだけということ。だから、若気の至りにまかせて死屍累々なんてことになる。

子どもが生まれて表舞台から裏方に転向したのも、先輩ミュージシャンや一世を風靡したジャズミュージシャンが、年齢とともに人気が衰え、薬物に溺れ、人生を転落していく姿を見ていたことが、ある種の反面教師になっていたのかもしれない。

「堀さんは、よく道を踏み外さなかったね」と言われるけれど、それはひとえに勇気がなかっただけ。思慮深かったわけではなくて、わざわざ痛い注射なんかしたくなかった、というだけのこと。

だって、今では信じられないけれど、当時は薬局でヒロポンを売っていたから、誰でも買えるものだった。だから、われわれが高校生のときは、優等生の連中ほど、ヒロポンを打っていた。

なぜかというと、徹夜で勉強できるから。自分は勉強しないで音楽をやっていたから(笑)、ヒロポンも必要なかった。

いつだったかは忘れたけれど、ある日突然、薬局で普通に買えたヒロポンが、医者の証明書がないと買えないものになり、最後はとうとう誰も買えないものになった。

少し若い世代になると、小さい頃、「ヒロポンはダメ」というポスターを見たと言うけれど、われわれの時代は「ヒロポン売ってます」というポスターが店先に貼られていた(笑)。不良が使っていたものというわけでもなくて、夜間の仕事をする人やよく勉強する学生ほど使っていた。

だから、ヒロポン1つとっても、世の中はこれくらい大きく変わる。

戦中戦後を生きてきた自分としては、世の中の変化とは「こういうもの」だと思っている。

その意味でも、ヒロポンに溺れなかったのは、本当にただ勇気がなかっただけなんだよね。

そういえば、昔、三味線漫談家の柳家三亀松さんという大師匠がいたのだけど、ピン芸人として物まねをしたりして人気があった。

それで、仕事で一緒に巡業する機会があったのだけど、楽屋にあいさつに行くと、「まずは1本」と言ってヒロポンの注射器を出してくる(笑)。一升瓶に入っているヒロポンを湯飲みに入れて、注射器でピューっと吸い取って、自分で血管に打っていた。

それを見ても、「あんな痛い思い、したくないな」と思ったよ。

やったことがないからわからないけれど、先輩ミュージシャンが言うにはヒロポンを打つと「普段はテクニック的にできない演奏までできるような気になる」とか言っていました(笑)。

だけど、中毒になってくると、幻覚症状みたいなものが出てきて、「指先から虫が出てくる」と言って、小刀で指を刺したり、削っている人もいた。

そういう姿をたくさん見ているから、余計、そういうものには近づこうと思わなかった。

学生時代のバンドの全国ツアーでは、一度東京を出ると30日近く帰ってこられなかった。

でも、大学を卒業してからは、世の中が比較的復活してきたから、そんなに長い旅ではなくなった。

理由は、ワゴン・マスターズの時代の演奏場所は映画館で、移動も機関車だったけど、飛行機なんかも出てきたり、大きな会場も整備されてきたから。

昔は演奏する場所がなくて、映画館を使っていたのだけど、われわれが演奏を休憩している間は映画を流していたから、楽屋で延々と『別れの一本杉』なんかを聴いていたよ。

市川雷蔵の映画に出演

ちなみに、あの頃のスターはエノケンこと榎本健一や片岡千恵蔵。

話が反れるけれど、東映がワイドスクリーンシステムの東映スコープを導入し始めた頃、千恵蔵さん主演の『地獄岬の復讐』という作品を制作して、その映画にスウィング・ウエストが出演している。東京の大泉撮影所での撮影だった。

大泉だけでなく、京都の大映撮影所で撮影したこともあった。映画のタイトルを忘れてしまったけれど、市川雷蔵さんの映画にも出演して、雷蔵さんとメンバーで一緒に撮った写真もある。

その他、松竹の大船撮影所、東宝の砧撮影所、日活の多摩川撮影所にもバンドで撮影に行きました。当時は、よく和田浩治さんの映画に出ていたな。

そう考えると、バンドマン時代から映画の世界とも縁が深かった。

バンドをやって、ライブが終わってから映画の打ち合わせをやっていると、あっという間に午前様。

だから、昔住んでいた笄町《こうがいちょう》（今の西麻布）の家には、毎朝できたての温かい豆腐を買って帰っていた。

日活の渡り鳥シリーズを担当していたプロデューサーの児井英生さんは「堀さん、12時（午前0時）を過ぎないと仕事の話はしませんよ」と言っていた。

そんな感じだから、仕事の話が終わるのが明け方4時。

豆腐屋は朝4時には開いているから、近所の豆腐屋に寄って豆腐を買うと、まだ温かい。帰ってすぐ眠るから、家族のために買っていくわけだけどね。

それから映画の話では、自分が出演したわけじゃないけれど、ホリプロ所属のスパイダースや舟木一夫もたくさん映画を撮った。

『高校三年生』は大映太秦、2作目の『学園広場』から日活だった。その時代になると、自分はもうバンドマンではなくマネージャーとして関わっていたわけだけど。

大映・京都撮影所で、市川雷蔵主演映画のセットで撮った記念写真。左から3人目が堀氏

当時はまだテレビが始まったばかりの頃で、映画が娯楽の中心だったから、映画界の人はテレビを「電気紙芝居」と言って下に見ていた。

昭和37年（1962年）から40年（1965年）頃にはもう、自分も裏方にまわっていたから「無我夢中」の時代から「ちょっと訳知り」になっていた。

だから、生意気にも自分なりに色々と戦略を立てたり、人間関係をどう作っていくかなどを考えながら仕事をしていた。

働き方改革にも特色を出す工夫を

仕事に追われていたから、1964年の東京オリンピックを見た記憶もないんだよね。

当時は人の3倍働いていたから、われわれの感覚でいうと、今の働き方改革は「こんなに遊んでいていいのかな」と。

2019年のゴールデンウィークなんか10連休だったけど、10日間も休みがあったら、身の処し方がわからない（笑）。

これは、ある種、年寄りの冷や水だけど、働き方改革をやっていないと政府からブラック企業と言われる。

対応しなくてはいけない問題だけど、政府の言うとおりにやるのではなく、会社としても何か知恵を出してほしいなと思う。

何より怖いのは、ホリプロという集団の勢いがなくなること。そうならないように、知恵を出してほしい。

孫子の兵法に「戦を善くする者、それを勢いに求め、人（兵）に責めず」という一節がある。それくらい勝つためには〝勢い〟が大事だと。勝てないのは〝兵〟のせいではなく、〝勢い〟にあると。

つまり〝勢い〟とは「作る」ものだから、意識して勢いを作らなければ、集団は強くなれない。ただ、勢いに任せるだけでは失敗する。

これはわたしが仕事師として非常に大事にしてきた考えです。

戦を善くする者になるために

この考え方からすると、今の働き方改革は、それと少し逆になっているような気がする。

おそらく欧米諸国の真似から入っていると思うのだけど、資源がない日本の場合、本当にそんなことをやっていたら、資源がない分、欧米より劣勢で日本の損にならないかと。

資源のある欧米列強に対し、無資源国の日本が何で対抗してきたかというと、それはおそらく〝勤勉実直さ〟だったと思う。

今の働き方改革はそれをなくしてしまうわけだから、日本の将来を考えると心配です。答えが出る前に、わたしは死んでいると思うけれど……。

いずれにせよ、日本という集団の勢いを大事にしなければいけない時代に、それを殺ぐことにならないか懸念している。新興国の勢いを肌身で感じている分、心配だ。

法律なので従わなければならないことだけど、どうやって特色を出していくか。要するに「戦を善くする者」になるためにはどうしたらいいか、悩ましいところがあります。

オーナー企業は危機に強いと言われるけれど、サラリーマン経営者との違いは、才能の問題ではなく、立ち位置の違いにあると思う。

そもそも創業者というのは運の強いやつが生き残っているのであって、運の悪いやつはとっくに退場しているわけだから。

運の話をすると、努力もあるでしょと言われるけれど、努力していないとは言わないまでも、やはり棚ぼたみたいなところがある。

例えば、民間放送が始まったのは、われわれにとっては何の努力もしていないわけだから。

けれども、民間放送の開始がフォローウインドになって、業績が大きくなっていったわけだから、そういう時期にいたのは運としか言いようがない。

マフィアが考え出した音楽出版社

放送・メディアの世界も、映画、テレビ、ラジオ、レコード、カセットと時代や技術の進化とともに、どんどん変わっていった。

ニッポン放送子会社のポニーキャニオンは、そうした時代の変化にうまく乗ったわけだけど、そのニッポン放送もカセットテープの前に登場したメディアのエイトトラックでは苦労した。

確か、石田達郎さんがエイトトラックを始めたのだけど、当時は音楽産業ではなく「ビデオ産業は5000億円市場」と囃《はや》して、エイトトラックの販売会社を作って、後にかなりのデッドストックを抱えてしまったと聞いています。

当時のニッポン放送社長は鹿内信隆さんで、専務だった石田達郎さんがその後始末をしなければならないということで、石田さんは毎日朝早く起きて、散歩をしながら対策を考えたと聞いています。

とはいえ、デッドストックを捨てるにもカネがかかる。そこで、誕生したのがポニーキャニオンだった。

石田さんには、彼がまだ編成局長ぐらいの頃、非常に親しくしていただいた。その縁で、石田さんに「ラジオ局でも音楽出版社をやったほうがいいよ」と言ったのは実は、わたし。

ホリプロでも、すでに音楽出版社を作っていたので、石田さんにそう伝えたわけです。

音楽の著作権法は16世紀からありますが、こちらは楽譜を出版する権利。レコードなど録音メディアの登場によって生まれた現在の音楽出版社は、アメリカで生まれた。

音楽出版社の歴史は、実は、マフィアの合法的な資金稼ぎから始まっているんです。タレントが所属するプロダクションの社長としては、日本でも同じことになったら大変だなと、ホリプロでも音楽出版社を作ったわけだ。

ところで、なぜ音楽出版社とマフィアが関係しているのか。

それは、レコードができたかできないかという時代、ＦＢＩがマフィア撲滅に力を入れ始めたから。

当時はダンスホールで音楽を演奏して、みんなで踊ったり、酒を飲んだりして楽しんでいたわけだけど、それを見たマフィアの頭の良い弁護士が「ここで演奏されている音楽は出演者には出演料を払っているけれど、音楽を作った作曲家や作詞家には一銭も払っていない」ということに気付いた。

これが現在の音楽業界の著作権の始まりです。だから、日本語では「演奏権使用料」と言いますが、英語では「パフォーミング・ライツ（Performing rights）」と言います。作家の代わりにカネを取って来るから、その代わり、半分くれというわけです。なぜマフィアがこんな商売を思い付いたかと言うと、FBIによるマフィア撲滅が強くなり、新たな資金源確保のために、著作権という仕組みを考えた。

その仕組みが発展して、著作権協会ができていった。

その後、レコードだけでなく、ラジオ局やテレビ局などの放送局ができると、それらにまとまって権利を要求できるよう、もう1つ著作権協会ができた。

だから、アメリカには米国作曲家作詞家出版者協会（American Society of Composers, Authors and Publishers、通称：ASCAP）、それから、放送局などにまとめて著作権使用料を徴収するBMI（Broadcast Music, Inc.）という2つの著作権協会が存在している。

もちろん、今では2つの著作権協会ともマフィアとの関係は切れています。

ただ、2つの協会でアーティストからの委任状契約の取り合いが起きています。

こうした経緯で音楽業界の著作権ビジネスが生まれているので、日本でも同じようになっては大変だと、ホリプロも音楽出版社を作ったわけだけど、われわれだけでは大きな力は出せず、日本では今、JASRAC一強の状況になっている。

ちなみに、日本のJASRACは外圧によって作られた団体。日本でも1899年に著作権法が施行されていたものの、当時は、著作権が無断使用されている状態だった。

そんな中、1931年にドイツ人のウィルヘルム・プラーゲという人物が日本にやってきて、欧州の著作権団体の代理人として著作権使用料の請求活動を始めたので、日本政府がそれに対応すべく、1939年、著作権請求の仲介業務の独占許可をJASRACに与えたわけです。

だいぶ話が広がってしまったが、話をニッポン放送に戻すと、音楽出版社を作って、どう稼ぐかということで、当時、ニッポン放送の総務部の社員がホリプロに来て1カ月程研修を受けた後、パシフィック音楽出版社という子会社が設立された。

この会社はその後、フジサンケイグループで、フジテレビが作った音楽出版社と一緒になり、フジパシフィックミュージックという音楽出版社になっています。

ここでおもしろいなと感じたことは、専務でも社長でもなく、当時、編成局長だった石田さんが会社を作れてしまうということ。会社設立後は、石田さんが初代社長になるのだけど、経営の自由度というか、能力のある人には任せる風土があるのだなと感じた。

ニッポン放送に続くように、その後、各放送局も音楽出版社を作っていった。

歌手と役者で出演料に格差

時代とともに、企業の役割も変わっていくものですが、民放ができた頃は、われわれのようなプロダクションではなく、レコード会社が窓口になって、タレントを売り込んでいた。

レコード会社の考え方としては、レコードを売るために新聞や雑誌にお金を払って広告を出稿していたわけだけど、民間のテレビ局ができ、テレビ局から「島倉千代子さんに出演してもらいたい」と依頼がくるので、レコード会社の宣伝部がそれに対応していたわけです。レコード会社としては、今までお金を払って宣伝していたのに、宣伝していただける上にお金もいただけることになったと。

だから、どんな一流のスターでも出演料は5000円程度から始まっている。というのも、それまではお金をもらうではなく、払っていた経緯があるから。

一方、映画界のほうは、松竹、東宝、大映、新東宝、東映の「五社協定」というものがあって「電気紙芝居には役者を貸さない」と。つまり、テレビ局に役者は貸さないと言っていたので、テレビ局側は「そこを何とか」とお願いしたため、芝居関係者の出演料はものすごく高かった。

だから、われわれが苦労したのは、歌手と役者の出演料の開きが大きく、それを是正すること。そこには、ホリプロというよりも、買うほうが出演料を決めるのはおかしいという思いがあった。

しかも、音楽は安い料金で買われ、芝居の世界は、売り手が嫌々売っているからめちゃくちゃ高い値段で買われていた。

誰も悪気はないのだけれど、そうした歴史的な背景による歪みというか、仕組みがあった。

われわれはそれを背負いながら、大きな力を持つ放送局とやり合わなければいけない。そのためには弱者が力を合わせなければいけないと、音楽事業者協会を作りました。これが、民間のテレビ局ができて、10年後くらいのことだった。

アーティストの地位向上というよりも、マーケットをあるべき姿に戻さなければいけないという思いで、この活動に取り組んだ。

マーケットの立ち上がりの頃、どさくさに紛れてできてしまった悪しき習慣みたいなものを適正な形にしなければならない。売り手が値段を提示して、買い手がそれを高いと思ったら、買わない、リーズナブルだから買う、ということにするのが基本だなと。

当時、放送局と交渉するのはレコード会社の宣伝部出身者なので、プロダクションとして、この問題に力を入れていたのは、ホリプロと渡辺晋さんの渡辺プロダクションくらい。

レコード会社としては「宣伝していただく上に、お金もいただけるんですか」ということなので、当然、立ち位置も違ってくる。しかも、当時のレコード会社は大会社だったから、当時はまだ弱小プロダクションだったわれわれとは、問題意識もずいぶん違っていた。

大会社でない、中小企業の人間でないと、こうした苦しみというのはわからないものだと思う。

でも、これはある意味、仕方がない面もある。レコード会社はテレビの出演料ではなく、あくまでも、レコード盤の売上げで食っているわけだからね。

自分がアーティストだったということもあるけれど、自分が手掛けている仕事には思い入れがある。だからこそ、正当に評価されたい。正当な位置でなければ、なんとか正当な位置に持っていかなければいけないと思っていた。

まぁ、買い手側からすれば「おまえの思い上がりだよ」と思われていた時期も当然ありました。たしかに、自分が生きていく上での〝自分かわいさ〟から始まっていることだとは思う。

それでも、業界全体にとって必要なこと。だから、自分1人では対抗できないけれど、業界単位で広めていこうと。

苦労も多かったし、放送局という強者に盾突くという意味で恐い部分もあった。でも、そういう経験をすることで度胸も付いたし、交渉事のイロハを学べた面もある。

買い手側からすれば、今までは歌手と直接話して取引できたのに、プロダクションという1つ余計なものが間に入ってくるから、それだけコストも上がる。だから、当初、プロダクションの存在は「余計なもの」と思われるところがあった。

ただ、「余計なもの」ではなく、「これがないと、業界は回りませんよ」というところへ持っていかなければいけないわけで、ない知恵を絞って、いろんなことを考えた。

ちなみに、当時、竹中労という左翼系の評論家がいて、彼が「プロダクション芸者置屋説」ということを言い出した。

当然、われわれは反論するのだけど、反論しても〝ごまめの歯ぎしり〟みたいなものだから（笑）、結局、実績でもって解決しなければ仕方がないと。

つまり、プロダクションが機能しないと、歌手が生まれないという状況にまで持っていこうと一生懸命取り組んだ。

もともとミュージシャン上がりで、裏方の仕事を生涯の仕事にしようと思ってやってきたから、反論があれば、余計、エネルギーも湧いてきた。

腹の中は煮えくりかえっていたけれど、日本にいる1億人に言い訳をするわけにはいかない。そこで、産業として社会的認知を受ける方法は何かと試行錯誤した結果が、株式の公開だった。

店頭公開をしても、まだ認知されず……

わたしはどちらかと言えば、有言実行論者。不言実行は、ビジネスの世界では悪だと考えている。哲学やポリシーの世界では不言実行も良いことだけど、ビジネスマンは不言実行ではダメ、有言実行でなけりゃと思っている。

だから、株式の公開も、自分を叱咤激励する意味もあって言葉に出した。言葉として出した以上、「実現しなくては」と思うし、努力もする。努力せざるを得なくなる。そういう考え方でやってきた。

前にも話したけれど、株式の公開に向け、兜町の理論に会計を合わせることには苦労した。

一番苦労したのが「仕入勘定」。兜町の物差しと芸能プロダクションの物差しが全然合わないところから始まったから。

それでも最後は説得できた。仕入勘定はインチキでは作れないからね（笑）。

でも、芸能プロダクションにも「仕入れ」に準ずるようなものはあるんです。例えば、『ホリプロタレントスカウトキャラバン』。これは歌手の卵を見つけるために全国を歩いている。しかも、それに対してお金を投じているわけだから「仕入」と言える。でも、当初、兜町の常識では「仕入」にはならなかった。

そうしたズレを3年かけて合わせていって、平成元年2月22日、店頭公開できました。

これで一応、「社会的認知を受けることができた」と、当時は多少の思い上がりも含めて、自分の1つの目標は達成したと思った。

でも、これはむしろスタートだった。

店頭公開した日、兜町記者クラブで記者会見をやったのだけど、芸能記者はそこには入れなかった。お世話になっている記者がたくさんいるから、それでは困るなということで、兜町記者クラブの会見が終わってから、芸能記者クラブの記者会見を開いた。

それで翌日、新聞を見ると、日本経済新聞の株式欄には、出ているのか、出ていないのかわからない程度の小さな記事だったのに、芸能欄ではものすごいでかい記事になっていた。

それを見て「これはまだ認知されていないということだな」と愕然とした。要は、報道として扱われていなかった。

それで「なるほどな」と。ホリプロの店頭公開は、人間が犬を噛んだ出来事だと世の中は受け止めている。この現実を知って、またガツンと殴られたような感覚を覚えた。

それならば、東証2部、1部へ行かなければ、このルートでの社会の認知獲得作戦は達成できないなと。

こうして、そのルートも実現していくわけだけど、東証1部に上がったときは、新日鐵（現・日本製鉄）と同じ部門に編入された（笑）。親しい野村証券の担当者からも「ライオンの檻に猫が1匹入って来て、走り回ってる」と言って笑われました。

チャールズ・ブロンソンのアメリカ流〝浪花節〟

懐かしい話になるけれど、ビートルズの来日を実現させた永島達司さんのおかげで、ホリプロにとって歴史的な1ページを刻む仕事ができました。

それが、男性化粧品『マンダム』のテレビコマーシャル。

チャールズ・ブロンソンを起用して大ヒットしたあのCM、実はうちが作ったものなんです。

外国人タレントを起用したのも初めてのことで、あのCMを機に外タレを使ったCMが増えていった。

当時は、社名も「マンダム」ではなく「丹頂株式会社」。社員数も今ほど多くない会社でしたが、その会社のテレビCMに大物タレントが出演してくれたのも、永島さんの尽力によるものでした。

出演依頼をしたときは、ブロンソンがスペインで西部劇の撮影中。電話事情が悪く、なかなか連絡が取れなかったものの、なんとかハリウッドで撮影した。

マンダムのCM撮影時の記念写真。
写真右から2人目が堀氏、3人目がチャールズ・ブロンソン氏

演出は、当時まだ若手の監督だった大林宣彦さんが担当したのだけど、演出に凝るものだから時間が足りない。

契約書には8時間で撮影終了と書いてあるのに、「ワンモアタイム、ワンモアタイム」と言って、初日から時間切れが迫っていた。

わたしも撮影に立ち会っていたから、なんとか撮影をスムーズにできないかと考えて、ある案を思い付いた。

現場には通訳もいたのだけど、通訳を入れると人間関係はうまくいかないものなので、ブロンソンのところへ行って、つたない英語で「腕時計とカフスボタンを貸してくれ」とお願いした。腕時計とカフスボタンのアップは、別の役者を代役にして撮影しようと考えたわけだ。

するとと、ブロンソンが「誰が付けるんだ？」と聞くので、まだ決めていないと伝えると、ブロンソンは、自分の腕時計のネジをクルクル回して1時間戻すと、「レッツゴー」と言って、撮影現場に向かったんだ。アメリカにも浪花節があるんだなと、えらく感動したよ。

自分も、その心意気に応えたいと思った。それで、少しでもブロンソンが早く帰れるよう、ブロンソンに「撮影場所のステージまであなたの車を持ってくるから、鍵を貸してくれ」とお願いしたんだ。

すると「キャデラックのクーペ、ダークブラウンだ」と答えて鍵を渡してくれたので、撮影所の駐車場まで行って、その車を運転してステージの前に停めておいた。

撮影が終わって、ブロンソンが出てくると、「じゃあ、また明日な」と言って、ドアを開けて運転席に乗り、ハンドルを右から身体の正面に戻して運転して去って行った。それを見て、思わずひっくり返ったよ。「あぁ、俺は田舎者だな」って。

周囲はなぜ、そんなにショックを受けているのかわからなかったみたいだけど、ハンドルを戻して運転する車だと知らずに、ハンドルを右にしたまま運転してきたんだよね（笑）。

撮影所の中だから、そんなにたくさん車が走っているわけではなかったけれど、あんな運転を見られたかと思うと、恥ずかしくって仰け反ったよ。

それにしても、初めて見た車だったから、ブロンソンが運転する姿を今でも鮮明に覚えているよ。それと同時に「アラーッ」という思い出もね（笑）。

いずれにせよ、アメリカ人にも浪花節があるんだなと、ブロンソンの人柄にも感動した。

ライザ・ミネリの自宅を訪問

前に話したとおり、ブロンソンに出演依頼の連絡をしたとき、彼は地中海のマジョルカ島へ撮影に行っていて、なかなか連絡が取れなかった。エージェントは「OK」と言っているのだけど、本人がOKしないと契約ができないからね。

一方で、テレビで『マンダム』のスポットCMを流すスケジュールは決まっているわけだから、とにかくCMは作らなければならない。

それで、自分も嫌々、羽田から飛行機に乗って現地へ行かされることになった。そのとき、丹頂社長の西村彦次さんが見送りに来て、「堀さん、どうしてもうまくいかなかったら、メキシコあたりへ行けば、あんな顔したのはいっぱいいるでしょ」と言われて（笑）、ずいぶん気が楽になった思い出があるよ。当時は、その程度のノリだったんだ。

でも、おかげでマンダムのCMは歴史に残る大ヒットCMになった。小学生の子どもまで「うーん、マンダム！」とやっていたからね（笑）。

しかも、コマーシャルソングをレコードにして出したのも、あのCMが初めてだった。

それもこれも、全部、永島さんが応援してくれたおかげ。永島さんが自身のネットワークを駆使して、エージェントを探し出してくれた。

エージェントはポール・コーナーという人物で、そのエージェントがブロンソンのCM出演に賛成してくれた。海外ではすでに人気俳優だったブロンソンも、日本ではまだそれほど人気がなかったから、良い話だと思ったんだろうね。

たしか、アラン・ドロンと共演した『さらば友よ』という映画がヒットした後で、少し人気が出てきた程度だったから、エージェントとの交渉自体はそれほど難しくはなかった。

でも、永島さんが忙しい中、時間を作って一緒に行ってくれたことが何より心強かった。

さらに、「CMソングをレコードにして出そう」という提案をしてくれたのも永島さんだった。レコードを出すためには、アメリカのレコード会社との契約が必要になるわけだけど、レコード会社の社長と永島さんは友だちだから、わたしをそこへ連れて行ってくれた。

それで、アメリカ人のジェリー・ウォレスというあまり売れていない歌手だったのだけど、彼に歌わせることになった。

そうしたら、レコードも大ヒット。当時、アメリカのレコード会社は、売れない歌手のジェリー・ウォレスのレコーディング経費がデッドストックになって赤字だった。それが、日本でレコードが100万枚売れて、全部チャラになったうえ、儲けも出た。だから、ヒットした後、社長に会ったら、すごく喜んで、わたしと永島さんに1000ドルずつくれました(笑)。

でも、あのレコード、ハリウッドにあるアメリカのレコード会社と東芝がライセンス契約をしたものだから、自動的に日本での販売になっていて、実は、日本でしか出ていないレコードだった。

これまで悪運や運の良さについて何度も触れてきたけれど、振り返ると、運だけでなく、人の縁にも恵まれていた。

永島さんとは何度も一緒に海外に行ったけれど、あるとき、偶然、アメリカで一緒になって、「おい、ホリ、今日なぁ、ライザ・ミネリの家に行くから一緒に行こうよ」と誘ってくれて、一緒にライザ・ミネリの家にも行った。

それから、「サミー・デイヴィスjr．のショーが今日から始まるから、一緒にパーティに行こう」と呼んでくれたこともあった。

ショーが始まる前に、ホテルの小さなスペシャルルームを借りて、タニマチのような人物を招いて、40~50人でパーティを開いていたんだ。

永島さんを通じて、思い残すことがないくらい、貴重な経験をたくさんさせてもらいました。本当に今も、永島さんには感謝の気持ちでいっぱいです。

ジャニー喜多川氏との思い出

日本のエンターテインメント業界を牽引してきたジャニーズ事務所のジャニー喜多川さんが2019年7月9日に亡くなられました。令和元年、時代の流れや変化を思い起こされます。

ジャニーさんとは若い頃、よく会っていたけれど、お互い忙しくなって、そう頻繁に会うわけにはいかなくなっていた。

でも、彼が演出するショーには毎回招待されていた。招待されて日生劇場へ行くと、彼の控室に呼ばれて、夜なら夜ごはん、昼なら昼めしをご馳走になっていた。

そうしたお礼もあって、毎年、わたしが趣味で漬けているたくあんを送っていたのだけど、彼はそのたくあんが大好きで、とても喜んでくれた。彼は和歌山県にいたことがあったから、わたしが漬ける味付けに近い漬け物があったのかもしれない。

わたしが覚えている彼は、とにかくステージやエンターテインメントに対して熱心ということ。

今から40年近く前、ホリプロが初めて『ピーターパン』の公演を日本に持ってきたのだけど、そのときの売りが〝フライング〟という客席の上を飛ぶ演出。彼は当時、それを観るためによく劇場に来ていました。

今、ジャニーズのショーに行くと、タレントが空を飛び回っているよね。あの原型を舞台を観ながら構想していたのだと思う。

彼には1つの理想像があったと思う。だから、業界単位で動くというよりも、彼の中にある理想を追い求め、日本のエンターテインメント産業を盛り上げてきた。

業界に多大な功績を残された彼のご冥福をお祈りします。

大事な話は通訳を入れず

一時代を築いたアイドルといえば、ホリプロに所属していた山口百恵が挙げられると思う。

山口百恵からは「結婚を機に引退したい」と言われたのだけれど、当時、彼女は20歳。いつかは……と覚悟をしていたものの、20歳で引退を決断するとは想像すらしていなかった。だから、まさに青天の霹靂だった。

最初に引退の話を受けたのが、1979年の暮れ。

毎年2月にカンヌで開催される音楽の国際見本市に業界を挙げて団体で参加していたのだけど、その年はちょうどわたしが団長の年だった。団長は3年交代で決まるのだけど、12月にわたしが団長になって、翌年3月にはみんなを引き連れて見本市に行かなければならなかった。

だから「出張から帰ってくるまでに考えをまとめてくるから、帰ってくるまでは誰にも言うなよ」と彼女に伝えて、そのときは別れた。

カンヌの見本市が終わり、パリで解散した後、コンコルドに乗って、ニューヨークへ行ったのだけど、そこで初めて『ピーターパン』を観た。

コンコルドはパリ—ニューヨークを3時間半程度で飛んでしまうから、あっという間だった。ただ、とにかく音がうるさいのと機内が狭くて大変だった。

ともあれ、ニューヨークに飛んで、真っ先にブロードウェイの劇場に行ったんだ。

劇場の中は、舞台の上だけ照明が当たって明るいけれど、客席は暗い。それで心地良い音楽が流れるものだから、海外出張の疲れもあって、睡魔に襲われ、ステージをほとんど観ることができなかった。

そんな状況の中、公演が終わろうとした瞬間、急に目が覚めた。目の前にピーターパンが飛んできたのだ。

ピーターパンは有名な話だからストーリーはある程度知っていたけれど、最後のカーテンコールで主役が客席の上を飛ぶシーンがあった。この飛ぶシーンが『ピーターパン』最大の売りだった。

わたしは2階席の一番前だったから、下からパッと飛んできて、自分の目の前に急に主役が現れた。それを観たとき「これだ！」と感じた。その瞬間、「これを日本でやろう」と。

それで、そのままニューヨークで『ピーターパン』の日本公演に関する契約を締結した。

ところが、契約をしてみると、そこには客席の上を飛ぶ〝フライング〟という技術が入っていなかった。

これは大変だと。当時はやっていたテレビCMにちなんで、「これではクリープのないコーヒー」だなと（笑）。

それで、誰が〝フライング〟の技術を持っているのか調べてみると、ピーター・フォイというおじさんが開発したことがわかった。

彼を探すとラスベガスにいることがわかり、急遽ラスベガスに飛んで、無事、フライングの契約をすることができた。

フォイさんは実直な技術屋さんだから、契約を申し出ると、喜んで了解してくれた。急な展開だったから、『ピーターパン』関連の契約は全部1人で臨んでいた。

でも、こういうとき、大切にしていることがある。

それは、一番肝心な話をするときは通訳を入れないこと。ブロークンでいいから、英語で話をする。

なぜかというと、通訳を入れると無機質になってしまうから。これでは、こちらのパッションというか、感情が相手に伝わらない。

機械みたいに意味だけ伝わっても、大事な話はうまくいかないことがある。

経験上、そういう場面に何度か遭遇していたから、大事な話は直接する。通訳は入れないようにしていた。

だからマンダムのCM撮影のときも、肝心なときは、自分が出て行って、ブロークンイングリッシュで話をしていた。

仕事でも生き方でも、自分なりの鉄則を持っている。だから、通訳の話もそのうちの1つ。

通訳の人はわたしよりはるかに英語がうまいけれど、機械的になってしまうから、大事なことは直接伝える。

振り返ると、当時はしょっちゅう海外に行っていたから、英語を話すことにも慣れていた。

しばらく海外に行かないと、英語を使う機会もないから全然ダメなんだけどね。当時はまだ45〜46歳だったから、覚えも良かったのだろうね（笑）。

何事もそうだと思うけれど、人間同士の関係では、熱意や情熱みたいなものが、どれだけ伝えられるかが大事だよね。

式場や場所も秘密裡に押さえて……

1979年の暮れに百恵に引退を言われて、2月にカンヌ、その後、『ピーターパン』の件でニューヨークに行き、彼女の引退発表は3月になった。

1980年3月に発表して、その年の10月15日に結婚して引退した。

1980年は、ちょうどホリプロの創立20周年の年だった。

こうした時間軸も相まって、最初は難しいことを考えていたのだけど、わたしの得意な考え方で「とどのつまり、簡単なことなんだ」と自分に言い聞かせた。単純なことであり、これは「潔き敗戦でいこう」と。

要するに、これは「三浦友和の魅力にホリプロが負けたんだ」と。だから、潔き敗戦。うだうだ言わない。

それで、3月に世の中に発表して、10月までの約半年間は、すべて「潔き敗戦」を基本コンセプトにやってきた。

結婚式の会場はどこかとマスコミが虎視眈々とスクープを狙っているから、式場を押さえることにも念には念を入れた。

いつ結婚式を挙げて、いつ披露宴をするか、みんな知りたがるからね。

その意味では、本当にマスコミをうまくコントロールできたというのが、わたしの一生の思い出だな。結婚式関連の情報は、女房にも言わなかったからね。

それで、どうやって秘密裡に式場を押さえたかというと、当時、西武百貨店の社長だった堤清二さんの秘書部長をやっていた岩田くんという人物がわたしの友だちだったので、彼に電話をした。

「岩田くん、今、日本で一番大きな宴会会場は東京プリンスの『鳳凰の間』だ。きみの名前で会場を押さえてくれ。内容は聞くな」とお願いして、会場を押さえたんだ。

岩田くんも完璧に情報を抑えて、マスコミにブラインドを掛けられた。これですべてうまくいった。

当時の日本には、広い宴会場を持っているホテルがほとんどなかった。当時、最大の広さがあった『鳳凰の間』でも立食でせいぜい1200人くらい。それにビュッフェのテーブルを置くから、1000人入れば満杯だった。

式場の予約だけでなく、大安《たいあん》、先負《せんぶ》、先勝《せんしょう》なども一生懸命調べたよ。誰にも相談できないからね。

結局、大安は取れなかったのだけど、午後が吉になる先負にした。

ちなみに式を挙げた10月15日はわたしの誕生日。それまでわたしの誕生日に、会社の周年パーティをやっていたから、それに合わせたわけです。

発表から引退までの間も、彼女はいつもと変わらぬ様子で仕事をしていた。非常に芯が強い人だから、引退後、甘い話やなんかでコマーシャルや再デビューの話などがあっても、微動だにしなかった。

バージンロードを歩く山口百恵さんと堀氏

引退は彼女のタレント人生の真骨頂だから、わたしは引退後、どこかに出るということには反対だった。でも、世間が彼女を放っておかないから、わたしのところにいろいろ依頼がきたのだけど、わたしは反対だし「俺に言わないで本人に言ってよ」と言っていた。
でも、彼女の潔い引退の仕方は、日本人のメンタリティに一番しっくりくるものだと思う。

「大和桜は花と散れ」とね。

だから、現役を続けている以上に人気が出たと思うし、伝説にもなったと思う。

13歳でデビューして、14~15歳でスターになり、21歳で引退。正味7年、彼女の生き様に哲学を感じる人も多かったと思う。

第3章
スタンス

〝凡人〟の上限である2割5分を目指す

前にも話したことだけど、わたしには2割5分の原則がある。

1人のアーティスト、今で言うと、1つのディビジョンやセクションに25%以上の売上げを依存しないという原則。

逆に言えば、25%を超える売上げは非常に危ないと。

だから、世間からは山口百恵が引退すると、彼女への依存度が高いホリプロは「つぶれる」と思われていた。

でも、わたしは絶対につぶれないと思っていた。

なぜなら、彼女の全盛期でも彼女関係の売上げはホリプロ全体の22%。最大の売上げ規模ではあったけれど、4分の1に満たない状況だった。

ただ、経営に何かしらの変化が出ることは間違いない。そこは、今まで夕食にステーキを食べていたけれど、カレーライスにしてしのごうという考えでやっていった。

そうやって生きていれば、時間が与えられる。時間さえあれば、次のものをまた生むことができるだろうと思っていた。

当時はもう40代半ばだったけれど、これも若さゆえの思い上がりと無鉄砲さが根本にはあったのだと思う。

ちなみに、2割5分の原則には、売上げだけでなく、もう1つの意味がある。

それは、毛利元就の3本の矢は3割3分3厘だが、凡才のわたしは2割5分だなと。

2割5分は「凡才の上限」だと考えた。

例えば、野球の世界でも、王貞治さんや長嶋茂雄さんのような、いわゆる〝天才〟の生涯打率は3割台。でも、他の選手も含めた平均を見ると2割3分程度。だから凡才の上限は2割5分だなと。

その意味で、2割2～3分の選手でチームを構成して、できるだけ負けないチームをどう作るか、という考えでスタッフの構成も考えてきた。

組織論では、できる人、普通の人、できない人で「2・6・2」の法則があるとよく言われるけれど、わたしの場合は、上も下も2を見ない。アベレージで見ている。

自分も含めて2割5分が上限の凡才を集めて、負けないチームを作ってきた。

「2・6・2」の2を求めないのだけど、それでも結果として2は出てくる。もともと能力のあるのは2割5分を超えてくるものだから。

経営において、この2割5分の上限を決めてから、すべてその範囲内に収めてやってきた。

こうして自分の中でルールを決めて実践するというのも、経営の規律という意味では良かったのかもしれない。

同年代の経営者仲間との思い出

どんな人材が伸びていくか聞かれることがあるけれど、ホリプロの商売は商品が〝人〟。

人間というのは十人十色だから、マニュアル化が非常にしにくい。方程式みたいなもので人を育てることはできないから、自分の生き様を後ろ姿で見せて、スタッフにどう伝えるかが大事だと思っている。

相手の感受性にもよるから、伝わらなかったら伝わらないで仕方がないけれど、〝人〟にかかわるビジネスだから、あまり多くを望んではいけないとも思っている。

でも、おかげで、大資本、つまり大企業が参入してこないという、ありがたい面もある。

大企業に近いけれど、芸能プロダクションとやや似ている会社として、レコード会社がある。

レコード会社の事業も今はだいぶ変化しているけれど、かつては絶対的な力を持っていた時代があった。

わたしが20代の頃、先輩から聞いた話だけど、その頃、日本能率協会がレコード会社の強さを分析しようと業界を調査したけれど、とうとう答えが出なかったらしい。

それくらい不確定要素が多い業界ということだよね。

でも、おそらくレコード業界より、われわれの業界のほうがもっと答えが出ないと思う。

これは芸能界だけでなく、どの産業も同じだと思うけれど、世の中を〝普通の常識〟では考えず、〝若さゆえのバカ力〟というか、〝無謀さ〟で切り拓いていく力が創業者にはあると思う。

創業者は、ある人から見ると「無謀だ」と言われるようなことをやってのけてしまう。若さゆえのエネルギーを持った人が事業を興し、その中で運のいい人が生き残る。能力があっても、運の悪かった人は、敗れ去っていくということではないのかなと思っている。

経営者の本を読むと、例えば、ホンダ創業者の本田宗一郎さんの生き方は、考えてみれば無鉄砲なところがある。二輪車から四輪車、飛行機まで手掛けようとしたのだからね。

でも、創業者には、そういう無鉄砲さが必要なのだと思う。

実際に親しくしていた創業者の1人に伊藤園の本庄正則さんがいた。彼はわたしの2歳下。

それからモスバーガーの櫻田慧さんなど、創業者30~40人の勉強会があって、毎月集まって、みんなで「上場を目指そう!」と話していた。

講師にセブン―イレブンの生みの親の鈴木敏文さんを呼んだりしていたけれど、講師の鈴木さんに「堀さん、何か感想を」と言われたので、「この人(鈴木さん)の部下じゃなくて良かった」と言って、笑われました。

これがきっかけで鈴木さんとも仲良くなった。でも、後で知ったら、鈴木さんとわ

2018年5月26日に『小金井カントリー倶楽部』で開催された「第46回すがお会ゴルフコンペ」での集合写真。前列右から2人目がセブン＆アイ・ホールディングス名誉会長の鈴木敏文氏、3人目が堀氏

同年代の鈴木氏（右）と

たしは同い年なんだよね（笑）。

70歳のときは、古希のお祝いも一緒にやったよ。今でも彼とは年2回、ゴルフをやる仲。

いろんな経営者と親しくしてきたけれど、同じ勉強会仲間の本庄さんは、運良くウーロン茶で当てたものの、運悪く68歳で亡くなってしまった。櫻田さんも60歳という若さで亡くなってしまった。

わたしは悪運が強いから、いまだに生きているのかなと思う。

相模カンツリー入会時の出来事

経営者仲間とよくゴルフをするけれど、わたしが入っているのは『相模カンツリー倶楽部』。

相模カンツリーの会員になれたときは、本当にうれしかった。当時、芸能関係の人間は会員になれないゴルフ場だったから。

本当か嘘かわからないけれど、ある有名な作曲家は、化粧品メーカーを成功させた祖父がいて、父親も相模カンツリーのメンバーだったけれど、本人は芸能界で仕事をしていたから継承時に入れなかったと聞いている。

当時は、そんな時代だったから、自分も当然入れないと思っていた。でも、運良く入ることができた。

まず、38歳のときに入会の申し込みをした。そうしたら、良き時代だったんだね。当時、40歳で枠を区切っていたらしく、「2年早いから、2年預かっておく」と言われた。

それで、40歳になったとき、入会のための理事長同伴競技というのがあって、当時、理事長をしていた国鉄の元総裁・磯崎叡さんと一緒にまわることになった。

17番ロングホールで、キャディーが「打っていい」と言うので打ったところ、前の組に打ち込んでしまった。

前の組には、後に外務大臣になる牛場信彦さんがいた。

わたしも焦ったけれど、一緒にいた磯崎さんもまずいと思って「堀君、すぐ行って、謝ってこい、謝ってこい」と言うので、慌てて走って行って「すみません！」と謝ると、牛場さんがユーモアたっぷりに「生きてまーす」と言ってくれた。
相手が牛場さんでなければ、こうはならなかったかもしれない。

それから、もう1つ、運が悪かったことがある。

当時、工業クラブで入会面接があり、わたしと同じように入会したいという人が50人近く集まったのだけど、当日、わたし1人遅刻してしまった。

余裕をたっぷり持って工業クラブに向かったのに、その日は丁度、鄧小平が来日していて環状高速が封鎖されていた。

だから、十分間に合う計算だったのに遅刻してしまったんだ。「あぁ、これはもうダメだ」と思った。理事長との同伴競技で前の組に打ち込みしてしまったうえ、面接に遅刻だからね……。

それで入会は諦めた。

その翌年、集英社主催の業界向けコンペが相模カンツリーで開催された。

わたしもそれに参加したのだけど、会場で会った先輩で、毎日新聞の元記者が「堀君、おめでとう！」と言ってきた。まだプレーもしていないのに「おめでとう」と言われたから「何がおめでたいの？」と聞いたら、先輩が「だって、入会者として名前が貼り出してあるよ」と。

ダメだと思って、全然当てにしていなかったのだけど、入会できていた（笑）。これも悪運の1つかな。

相模カンツリーで出会った人からは、牛場さんを筆頭に多くのことを学んだ。

でも、中にはうるさい人もいた。例えば、会社で偉かった人がリタイアした後とかね。

「会社で威張れなくなったから、相模に来て威張っているんじゃないか」という冗談もあったくらい（笑）。

ゴルフ場では、普段会わない人たちと会えるのが楽しかった。

われわれの業界は、パーティなどがあると、なぜか会場の隅のほうにまとまる傾向があった。でも、これはおかしいと感じていた。

同じ業界だけでつるむのではなく、異業種と交わることで、業界そのものも強くなると思っていたから。

だから、最初は知らない人ばかりで嫌だったけれど、できるだけ同じ業界の群れからは外れて、外の世界に出ていった。

それが、同年代の経営者仲間との付き合いにもつながっていった。外の世界に出れば、人脈だけでなく、自分の見識も、世界も広がっていくものだよね。

新潟から横浜へ 高額納税者になった祖父

生き方や性格が明るいと言われるけれど、お通夜の晩みたいな顔をしていたら勝利の女神は降りてきてくれないと思っている。

ただ、戦前と戦後で、180度考えが変わったことは、今となっては節操がなかったと密かに反省している。

父方の祖父は、堀四郎と言って、交詢社の『日本紳士録』に高額納税者として登場している。

わたしは初孫だから、よく本家に連れて行かれたのだけど、本家で働いている植木職人さんが家まで迎えに来てくれた。

だから、子どもながら、祖父は裕福なんだなとは感じていた。

どうやら東京に市電が敷かれたとき、その情報をいち早く知り、市電の資材を運ぶ企業に投資をして、一山当てたらしい。

その祖父の兄に堀栄助という人物がいて、子どものとき、家に遊びに行くと、家の中に蔵があるような豪邸だった。

栄助さんの家に行くと、母屋と蔵の間に長い廊下があって、そこにブランコやシーソーがあって、子どものわれわれはそれを目当てによく遊びに行っていた。

20歳の頃、父・貢さんと（写真左が堀氏）

家から伊勢佐木町まで、自分の地所だけで行けたらしいから、堀栄助は堀四郎より、もっと高額納税者だったと思う。
ただ、聞いた話だから本当かどうかわからないところもある（笑）。

とにかく越後出身で、横浜に来て財をなしたと聞いている。

栄助さんは祖父の兄で、堀家は栄助さんが大看板だったから、わたしの〝威夫〟という名前も四郎じいさんではなくて、栄助さんが付けた。

わたしの親父の名前・堀貢《みつぐ》も栄助さんが命名した。親父の兄貴は堀均《ひとし》、弟は堀祐《たすく》、その下の弟は堀康《やすし》。みんな苗字と名前で2文字。もちろん、栄助さんの子どもたちも姓名込みで漢字2文字。ただ、外国人に間違われるから、親父がわれわれの代から名前を2文字にして、3文字の姓名にしてくれた(笑)。

86歳でエージシュートを達成

祖父たちのように、関東に出てきて成功する新潟人は多いよね。相模カンツリー倶楽部でよく一緒にゴルフをする松下電器とＷＯＷＯＷで活躍した佐久間曻二さんも新潟出身だ。

そういえば、これは自慢話だけど、２０１９年5月19日、伊藤園創業者の本庄正則さんが造ったグレートアイランド倶楽部の開場記念杯があって、念願のエージシュートを達成できた。

これでもう、いつ死んでもいい（笑）。80歳のとき、「死ぬまでに1回、エージシュートをやりたい」と公言して、それを達成できたのだから。

なぜ80歳のときかというと、仲間が傘寿の祝いで相模カンツリーを貸し切って、160人くらいで業界コンペを開いてくれたのだけど、そのとき、何か言えと言われて、出てきたのがその宣言だった。

その後、81歳のとき、グレートアイランドでツーオーバーの83が出た。それで、「これはすぐ達成できるな」と高を括っていたら、そこから奈落の底に落ちるように下手になった。

相模カンツリーでは、とうとうハンディキャップ13〜25にまでなってしまい、正直「もうダメだな」と諦めていた。

だから、5月19日も言われるまで、エージシュートに気付かなかった。

1ホールずつの勘定はしていたけれど、トータルのスコアは勘定していなかった。だから、午前中は44で回り、「いつもより調子がいいな。40台なんて久しぶりだな」と思っていただけ。

午後になると、16、17、18と池のある難関コースがある。16番はダブルボギーになってしまったから「今日もダメか」と。それで、17、18をパーで上がって終了。

そうしたら一緒に回っていた東映社長の多田憲之さんが、最後のパットを入れると「堀さん、エージシュートだよ！」と（笑）。

スコアを数えていなかったから、知らずに打っていた。だから、もし先に「エージシュートだよ」と言われていたら、意識して入らなかったかもしれない。それに、多田さんの前に打っていても、違ったかもしれない。

だから、多田さんと回れたことが運が良かった。パートナーに恵まれたということだね（笑）。一緒にまわった多田さん、東急建設会長の飯塚恒生さん、オーウイル副社長の陣野重正さんに感謝だね。

あまり大きな声で言うつもりはなかったのだけど、加賀電子会長の塚本勲さんに言ったら、主催者の本庄八郎さんに伝わって、挨拶のときに「堀さんが今日、エージシュートを達成した」とアナウンスされてしまった。

塚本さんは、その後、「スコアカードをくれ」と言って、わたしのスコアカードをプレートにした記念の盾を作ってくれた。ゴルフボールを１個載せる台が付いた盾だった。

エージシュートをやると宣言してから、近所のスポーツクラブに通って、10回くらいレッスンプロの指導を受けた。

すると、打ち方が根本的に変わった。それまで全部自己流でやっていたから、遠回りしていたなと実感した。

幸い飛距離だけは落ちていなくて、ジャストミートすると２２０～２３０ヤード飛んでいた。今でも２２０ヤードは飛ぶ。エージシュートをやったときの18番ホールも池前のセカンドショット。１４５ヤードを７番アイアンで乗せた。

若い頃、野球をやっていたから野球打ちのクセがあって、よく飛ぶけれど、スライスでは本当に苦労した。

ちなみに、ゴルフを始めたのはバンド時代。ゴルフなんてやったことがないのに、パンアメリカン航空に勤めていた外国人のファンが「今、香港から帰ってきたのだけど、ゴルフセットを買ってきたから堀さんにあげるよ」と言って、銀座のテネシーまでフルセットを持ってきてくれた。

28歳頃のことかな。ゴルフセットを見るのも初めてだった。

プレゼントしてくれた人物は、パンアメリカン航空の経理担当をしていたジョン・ベスパーさんという人。われわれのバンドの熱心なファンで、仕事で香港に行ったら安売りしていたから買ってきたと。忘れもしない、『Wilson Sam Snead』のセットだったよ。

しかも、ゴルフをやらない人なのに、ゴルフセットだけでなく、ゴルフ場の手配までしてくれた。

パンアメリカンは三井グループと近い関係だから、三井がやっている熱海のナインホールのゴルフ場を予約してくれて、そこへ5人全員ビギナーのバンドメンバーで行った。

ゴルフ場に隣接して練習場があるのだけど、そこでゴルフクラブを手にして「これは、どうやって持つんだ?」とやっていたら、そこで練習していた女性が見かねて、一緒に回ってくれることになった。

後で聞いたら、その女性は成城学園のゴルフ部所属で、熱海の駅前のお土産物屋の娘さんとのことだった。

でも、一緒に回ってビックリしたのではないかな。9ホール回るのに4時間半かかったから(笑)。普通だったら、怒られちゃうよね。やってる自分たちも「こんなに辛いものはない」と思った(笑)。手の皮はむけるし、足腰は痛くなるし……。

それで「こんなつまらないものはない。やっぱり野球のほうがいい」と思って、それ以降、しばらくゴルフはやらなかった。

でも、その翌年、わたしのことを「リーホ、リーホ」と呼んで親しくしていた評論や司会業をやっていた三木鮎郎さんが「ゴルフコンペをやっているから一緒にやらないか?」と誘ってくれた。

〝笑〟のラフとゴルフ場の〝ラフ〟をかけて「ラフラフ会」という会を三木さんが主宰していて、植木等やハナ肇、安田伸、それから野球の佐々木信也など40人程がメンバーになっていた。

その縁でゴルフを続けるうちに、ゴルフが好きになっていった。

3人で始めた新規事業

三木さんとは、そんな形で親しくしていて、最後はホリプロに入ってもらった。今、ホリプロで演劇事業をやっているけれど、最初は文化事業部と言っていた。三木さんには、その事業部を立ち上げたときに入ってもらった。

ちなみに、文化事業部はわたしと三木さん、それから今、ホリプロの常勤顧問をやっている金森美彌子さんの3人でやっていた。金森さんの夫は劇団四季の美術を担当していた人で、浅利慶太さんと同期だった。

文化事業部は「これからは〝その他〟の時代」ということで新設した。だから、部署の名称も「その他事業部」にしようと話していたら、三木さんが「その名前では、ふざけていると思われて、お得意先に名刺を持っていけない。別の名称に変えてくれ」と言われてしまった。

それで、妥協して付けたのが「文化事業部」。

この文化事業部がもとになって今の芝居やスポーツ選手のマネジメントを手掛ける

文化事業部で始めた『ライブトーク』のパンフレット

セクションになっている。

演劇をやろうと決めていたわけではなくて、当時（1984年）、ホリプロの社長を小田信吾という人物に全部任せることにしたから、わたしは既存事業ではなく、その他事業、つまり新規事業をやろうと。

最初に手掛けた〝その他事業〟は、灘五郷蔵元など兵庫県の日本酒の蔵元協会と一緒に開催したイベントの『ほろ酔いライブトーク』。新宿コマ劇場の地下の劇場で月1回開催しているイベントだった。

いわゆる講演会なのだけど、〝講演会〟というと何だか堅いイメージで、壇上から檄を飛ばすという感じがするから、〝ライブトーク〟にしようと。そんな形で始まって、そうこうしているうちに人も増えて、演劇事業もでき、利益の出る事業になった。

音楽プロダクションが演劇事業を手掛けるのは珍しいことだった。

アイドルの寿命は3年、その壁を越えるため…

社長退任後に始めた〝その他事業〟の1つに演劇があったのは、『ピーターパン』の成功が大きかった。

『ピーターパン』を始めた理由は、演劇で飯を食おうと思ったわけではなく、山口百恵が引退を決め、所属タレントの戦略を変える必要があったから。

具体的に言うと、榊原郁恵の「アイドルからの転身」を演出する台上劇のためだった。

だから、演劇の世界の人からすれば非常に不純な動機といえる。

けれども、「門前の小僧習わぬ経を読む」でやっているうちに「演劇も、もしかしたらビジネスになるかもしれない」と感じていた。

ただ、一方で「俺は絶対に演劇青年にはならないぞ」とも思っていた。つまり「利益を追求しない演劇なんかやらない」と。

それから、もう1つ決めていたのは「演劇を始めても、俺はフィールドでの試合には参加しない。観客席から声を限りに応援するから、お前たちがやれ」とスタッフに言っていた。

当時のミュージカルは、出演者が宝塚OGだったり、観客も山の手の奥様族など、どちらかというと「ざーます族」のもので、一部の愛好家だけに支えられている状況だった。

そのミュージカルを「げたを履いて観に来られるようにしなくてはダメだ」と。

だから『ピーターパン』では、家族4人でチケットを買うと安く購入できる〝ファミリーチケット〟というものを販売した。

そうすると、ファミリーじゃない人同士が一緒になってやってくる(笑)。でも、それでもいいと。ミュージカル市場の拡大につながりますから。

そうやって、最初は苦労をしながら、誰でも気軽に観に来られるミュージカルとして『ピーターパン』は大当たりした。

演劇を始めた最大の目的だった、郁恵のアイドルからの転身も果たすことができた。最終的に郁恵は6〜7年、ピーターパンを演じたのだけど、最後の公演には現在の美智子上皇后が、まだ小さかった黒田清子さんを連れて観に来られました。公演後は楽屋にまで来てくださり、激励の言葉をいただきました。

コマ劇場周辺は物騒なところも多かったから、新宿警察署の警備も大変だったのを覚えています。

そういう経緯で、演劇進出は榊原郁恵のアイドルからの脱皮が目的で、〝ファミリータレント〟と呼ばれる存在にしていこうという狙いから始めたことだった。

アイドルが舞台に立つことはそれまでもあったけれど、タレントのイメージを変えようと、作為的に舞台に上がらせたのは初めてのことだったかもしれない。

『ピーターパン』の初演は1981年。当時、アイドルの寿命は3年と言われていた。

でも、こちらとしては、もっと才能を伸ばせると思っていたし、まだまだ稼げると

1981年初演の『ピーターパン』。
主役を務めた榊原郁恵さん

思っていた。実際、郁恵は今も稼いでいるし、3年で引退するには惜しい人材がたくさんいる。

だから、3年で終わらせないためにも「3年の壁」を越えたい。そのためには〝アイドル〟と言われたままではダメだと。それで郁恵に『ピーターパン』をやらせて、〝ファミリータレント〟として進化させていった。

もちろん、うまくいくかどうかはわからなかった。でも、必要に迫られて、必死に考えていると、天の神がチャンスを与えてくれるのかな。

とはいえ、コマ劇場で郁恵に『ピーターパン』をやらせることは社内でもほとんどが反対だった。

まぁ、これは別の理由もあって……郁恵はぷりぷりしていたから「ピーターパンぽくない」

と(笑)。ピーターパンは永遠の少年だから細身でなきゃいけないのに、ぽっちゃりしていてグラマーだと(笑)。

でも、その意見を「郁恵のためにやるのだから」と押し切ってやらせた。社長だから押し切れたわけだけど、彼女はやっぱりプロだった。身体を絞ってしっかりピーターパンを演じ切ってくれた。

ワイヤー1本で吊るされるから、腹筋がないと軸を支えられずにぐるぐる回ってしまう。空中で姿勢を保つためには腹筋を鍛えなければいけなかった。彼女は、それができるまで身体を鍛えて舞台に臨んだ。

ちなみに今では、技術も進歩して、ワイヤー2本で宙返りもできるようになっている。

それから、これは舞台裏の話だけれど、ワイヤーは人間が操作している。あうんの呼吸で引っ張る技術屋さんがいるわけだ。

試行錯誤で演劇に進出したけれど、多くの人に喜んでもらうことを考えてやってきたから、『ピーターパン』は郁恵の脱アイドルだけでなく、国民的ミュージカルとして愛される作品になったのかなと思っている。

70歳で知覧を訪問した理由

2019年10月15日で87歳になったけれど、節目節目で、新しいことを始めたり、やり残していたことを実行に移してきた。

例えば、70歳のときは、鹿児島県の『知覧特攻平和会館』に行ってきた。戦争の時代を生きた者として、一度行かなくては義理が立たないと思っていた。

ただ、そう思いながらも行けていない場所だった。

ミュージシャン時代、東映が制作した、特攻隊の若者を描いた『あゝ同期の桜』という映画があって、そこからスピンアウトした映画の主題歌を作らせてもらったことがある。

主題歌を作るにあたって、特攻の同期生の会に参加させてもらっていたから、彼らの生の声も聞いていた。

ただ、知覧に展示してあるのは、特攻で亡くなった人たちの遺書。何時間かけても読み切れない数の遺書が展示されていた。

中には、全部カタカナで書かれた遺書があった。それを読んで、何とも言えない気持ちになった。小さな子どもでも読めるようにと、カタカナで書かれた遺書だった。

見学を終えた後、地元の知り合いの紹介で、うまいと評判の料理屋で夜ごはんを食べたけれど、なんだかすごく疲れてしまい、料理もうまいと思えなかった。それくらいのショックを受けた。

20歳に満たない若者の遺書もたくさんあり、18歳の若者でも立派な字を書いていた。字がきれいなのはもちろん、重みのある字を書いていた。

ひるがえって、自分の字を省みると恥ずかしい思いがした。当時の人は、本当にすごいなと痛感した。

時間とともに戦争の記憶が風化していくのは致し方ないことかもしれないけれど、戦争の犠牲になった方々、戦後に生まれた人たちの間にいる世代としては、行かなければいけない場所だと思っていた。あの人たちの犠牲によって、われわれは今、こうして平和に生きていられるわけだから。

怒らなくなって気付いたこと

70歳でやろうと決めたことはもう1つあった。それは富士登山。見ているだけではなくて、登ってこようと。でも、残念ながら、ものすごい雨と風で8合目で帰ってきた。

8合目の山小屋のおやじが「危ないから、ここからは自己責任で行くなら行け」と。それで撤退することにした。

ただ、甘く見ていたところがあったなと反省している。

5合目までは車で行けるから、まず5合目の茶屋に前泊して、知らない人も含めて、鉄板焼きを食べながら、囲炉裏を囲んで酒を飲んでいたのだけど、気圧のせいか、酒がとてもうまい（笑）。それで、ついたくさん飲んでしまった。

朝2時半くらいに起きて、登山を開始したのだけど、8合目に着いたときにはものすごい雨風になっていた。おまけに7月だけど、すごく寒くなっていた。

それで、無理はやめて撤退。

登山靴から登山用リュックなど、登山に必要な道具を一式揃えたけれど、それ以降、一度も使うことなく、家で眠っている。何となく忍びなくて、捨てるに捨てられず、置いてある。

60歳のときは「違う自分になる」をコンセプトに「人生二毛作」ということで、車、自宅、ゴルフセット、ゴルフのスイングまで全部変えた。

自分を欺かないと違う自分になれないから、女房以外は全部変えた（笑）。

本を出したのも60歳に合わせてのことだった。

ホテルオークラで出版記念パーティーをやったのだけど、そのときの挨拶で「今日から俺は怒らない」とみんなの前で宣言した。

有言実行論者だから、言ったからには実行する。

それまでは毎日、怒り狂っていたわけだから、半年くらいは大変だった。「ここで怒っちゃいけない」とブレーキをかけるのが辛かった。

でも、半年ぐらい過ぎたら慣れてきて、これは快適だなと。

違う自分になるために「怒らない」と決めたわけだけど、一方で、怒るにはものすごいエネルギーが要る。

若い頃はエネルギーがあるから良いけれど、年と共にエネルギーは枯渇してくるから、怒ることのコストパフォーマンスが合わなくなってくる。

それに、怒って効果が上がることはあまりない。

そうなると、エネルギーを使って疲れ果て、不愉快な思いをしているのに、さらに効果も上がらないなんて、こんなバカなことはないなと。

だから、怒らなくなって、心身ともに穏やかで非常にハッピーな毎日になった。

部下になった経験がないから本当のところはわからないけれど、部下からしたら、昨日まで怒り狂っていた上司が急に怒らなくなると、何だか気持ち悪いようで、逆にプラスに響いたようだった。

それまでは一生懸命やっているのに、何かの拍子に怒られることがしょっちゅうあったから「ここで怒られるに違いない」と思っていても怒られないと、何か別の意味があるのかなと深読みするのかもしれない。

でも、怒らなくなって半年で気付いたことは、怒らないことは精神衛生上、非常に良いということだった。

第4章 二毛作

仕事は「戦場」から「楽しむ」ものへ

自分の考えや価値観を変えるのは難しいことだけど、強制的にでもやってみると、違った世界が見えてくる。

わたしも会社や仕事の場は戦場だと思っていたから、歯を見せるのはおかしいという前提でやってきた。

それでも「怒らない」と宣言した以上、男子に二言なし。怒らない生活を実践してみたら、実に良いことだと気が付いた。

創業者だから「仕事は戦場」と思っていないと、いつどうなるかわからない、という現実もあった。

でも、年とともに、それは違うなと。仕事とは、もう少し楽しんでやるものではないか。逆に、楽しめない仕事は、うまくいかないのではないかと思うようになった。

わたしの場合、浮き沈みが激しいと言われる世界で、好きな音楽、好きな芸能ごとで70年やってこられたのは、幸せとしか言いようがない。

2020年でホリプロは創業60年になる。わたしはその10年前からバンド活動をしていたから、トータルで70年、現役でやってきた。2019年10月15日で87歳になったし、今はもう現役とは言えない。経営陣から何か聞かれたら答えるけれど、経営には何も言わないし、役員会にも出ない、ホリプロの株も1株も持っていない。だから、60歳の宣言どおり、もう完全に「違う自分」になって「人生二毛作」目を楽しんでいる。

60歳のとき、家も変えて、徒歩通勤を始めた。それ以来、27年間、会社には徒歩で来ている。でも、タラタラ歩いていてはダメなので、約2キロを早歩きで24～25分かけて歩いている。

直線距離では1・5キロだけど、医者が言うには、エネルギーの燃焼は2キロから始まるそうで、「もったいないから2キロ歩いたほうがいい」と言われ、遠回りをして通っている。

目黒近辺はアップダウンが多いから、片道で合計100段のステップを上り下りしている。

ちなみにアップが67段、ダウンが43段。1人で歩いているから「1、2、3、4」と勘定したら100段あった（笑）。

ただ、つらいのが夏。とにかく暑い。スーツの上着を手に持って歩いてくるけれど、会社に着いた後も30分ぐらいは汗がひかない。

それでも、汗をかくのは健康に良いし、年齢は足から来ると言われるから、足腰は鍛えておかないとね。

未だにゴルフをやれるのも、こうして徒歩通勤で足腰を鍛えているからかなと思っている。

同年代の仲間は亡くなったり、生きていてもゴルフができなくなって、一緒にゴルフをやる仲間が少なくなったのが残念だけれどね。

80で始めた合気道

こだわり屋だから、節目、節目に何か新しいことを始めてきた。それで、80歳のときに始めたのが合気道。

ちなみに、もう1つの宣言が「エージシュート達成」で、2019年5月、86歳の

2001年11月18日、氣の合宿で（写真前列左から4人目が堀氏）

ときに達成できた。

合気道を始めて7年目になるけれど、毎週金曜日、今も通っている。

合気道にもいろいろな流派があって、わたしが習っているのは「心身統一合氣道」という、藤平光一さんという方が開祖した流派。藤平光一さんはわたしのひと回り上だから同じ干支だけど、91歳で亡くなられて、今はご子息の信一さんが継いでいる。

世界中に6万人近い弟子がいて、年に一度、各国の師範格がラスベガスに集まって、世界大会をやっている。

合気道を始めたのは「氣のエネルギー」というものに興味を持ったからだった。

それで、20世紀の終わり頃、現役の会長として、社員教育に合気道を取り入れた。

心身統一合氣道会会長・藤平信一先生（左）と堀氏。
撮影：門馬央典

だから、「心身統一合氣道」に出会ったのは40代の終わりか50代初めの頃になる。

心身統一合氣道の本部が栃木県にあって、40人ぐらいが宿泊できる施設があった。そこで、3泊4日の社員研修をやっていた。3年ぐらい続けたと思う。

でも、定員40人だから全員は連れていけない。普通の社員研修だと、みんな屠場に引かれる牛みたいに嫌々来るけれど（笑）、合気道の合宿だけは、帰る頃にはみんな「来て良かった」と喜んでいた。

逆に、連れて行ってもらえなかった社員から「なんで連れて行ってくれなかったんだ」と文句が出るほどだった。おそらく、行った社員が「すごかった」と話したのだと思う。

施設は畑の真ん中にあって、畳100畳と板の間150畳の道場がある。

合宿の初日を終え、翌朝6時に起きると、拭き掃除から1日が始まるのだけど、プログラムに入っていないのに、みんなジョギングをしていた。

それくらい精神が高揚しているようだった。

1日の練習を終えると、先生を囲んで一杯飲みながら話をしたり、復習をしたりするのが、非常に楽しいひと時だった。

先生は〝氣のエネルギー〟というものを、まず「口で説明」して、次に「やって見せ」、最後に「させ」てくれる。これがいい。

連合艦隊司令長官を務めた山本五十六の「やってみせ、言って聞かせて、させてみて」に似ているかもしれない。

先生が「説明して、やって見せる」ところまでは、「いやいや、先生は何十年もやっているからできるんでしょう」と疑問が残る。でも、疑問が残っている間は、絶対に氣のエネルギーというものは使えない。

ところが、次に「させて」くれる。すると、どう考えても認めざるを得なくなる。

先生は、手を替え、品を替え、いろいろなことを説明して、やらせてくれた。

それで、最後には、真ん中に切れ目が入った細長い和紙の真ん中に青い竹を通して、その上に小刀の刀を天に向けて載せる。そっと載せないと、和紙が切れて青竹が落ちてしまうのだけど、そっと載せれば、落ちずにぶら下がる。さらにそれを木刀で切る。すると、40人中8人ぐらいは切れない。逆にいえば、32人は切れる。

身心を天地自然と一体にすると、普通、常識ではできないなと思うことでもできてしまうわけだ。

言ってみれば、〝氣〟とは「イマジネーション（想像）」と「コンセントレーション（集中）」の世界。

例えば、一緒にいる人に実践すると、びっくりされるのだけど、わたしが片腕を横に伸ばして誰かに曲げてもらう。普通は簡単に曲がります。でも、氣を通すと曲がらなくなる。力を入れなくても曲がらない。

これは誰にでもできることで、自分の腕を消防車のホースだとイメージする。最初は力を入れないで、誰かに腕を曲げてもらうと、簡単に曲がる。

次に、ホースに水が入り、先端から勢いよく水が迸《ほとばし》り出るようすをイメージする。

それがイメージできたら「氣が出ている」と口にすると、曲がらなくなる。でも、「氣が出ていない」と否定すると、またすぐに曲がってしまう。

もう1つ、簡単に実践できるのが、利き手の親指と人差し指で円を作って、指が離れないようにする。それで、わたしが円の中に小指を入れて、親指と人差し指を離そうとする。最初は簡単に指が離れてしまうのだけど、氣を入れると離れなくなる。

男性と女性で「氣の巡り」が逆で、男性は身体の前面が上から下、女性は前面が下から上に流れている。この巡りを遮断すると、氣の巡りが切れて、力が入らなくなる。逆に、氣の巡りを補完すると力が入る。

2017年12月最終稽古で、心身統一合氣道会会長の藤平氏（前列中央）を囲んで（前列右が堀氏）

実践すると、みんな驚いて「だまされている気がする」と言うのだけど、本物は何度やっても同じことが起こるから、最後は「不思議だな」と言って納得する（笑）。「氣のエネルギー」は目に見えないものだけど、これをやると、その存在が確認できるわけだ。

硬い身体が一瞬で柔らかく

氣の世界に興味を持ったのは20世紀の終わり頃と話したけれど、きっかけは、親しくしていた経営評論家の船井幸雄さんの講演だった。

わたしは当時、γ－GTPの数値が高く、中国出身の気功の先生の治療を受けていた。

何だかよくわからないけれど、煎じ薬のようなものを飲まされて、手をかざすだけの治療だったけれど、1時間の治療のうち15分ほど熟睡してしまう。その15分の熟睡が心地良くて、それだけでもいいやと思って通っていた。

ある日、船井さんと会っていたとき、気功に行く時間が来たので「すみません、先生。気功の治療があるので、お先に失礼します」と言ったところ、「なんだ、氣をやっているのか」と。

「いやいや、治療を受けているんですよ」と言うと、船井さんが「そうか。堀君、ちょっと前屈をやってみな」と。

それで、前屈をやってみると、身体が曲がらなくて、指も床に届かない。

ところが、「もう1回やって」と言われて同じようにやったところ、床にベタッと手が着いた。驚いて、思わず「あれ？」と言ったら、船井さんが「俺が氣を送ったんだよ」と。

でも、何秒かすると、また元に戻ってしまう。ということは、「氣の勉強をすれば、身体が柔らかくなるということ？」と聞くと、「そうだ」と。

氣の威力に衝撃を受けた。

それで、20世紀の終わり頃、世間が「来年はミレニアムだ」と騒いでいたから11月ぐらいだったと思う。今はなくなってしまった大阪の『ホテルプラザ』で船井さんが開催したイベントに参加した。

正確なタイトルは覚えていないけれど、「21世紀のリーダーたるもの、氣の存在を自覚せずしてリーダーにはなり得ない」といった内容だった。

興味があったから、東京からわざわざ行って、2日間、イベントに参加した。

わたしと同じように氣に関心のある人がたくさん集まっていて、全国から「氣の使い手」と言われる人も来ていた(笑)。

そこで、いま教えていただいている心身統一合氣道会の藤平光一先生に出会い、さらに氣の力に興味が湧いて、まず社員研修から取り入れることにした。

海外の物理学者も注目した「氣」の力

合気道を通じて、いろんな人との出会いがあった。

全国から「氣」の使い手が集まる会で、いま通っている心身統一合氣道会の創始者である藤平光一先生に出会い、長崎県立病院の外科部長にも出会うことができた。

その外科の先生が言うには、むちうち症の患者を治療するのに、西洋医学では「牽引」と言って引っ張る治療をするという。

でも、これだと患者の3割程度しか治らないと悩んだ結果、気功に頼り、良くなる患者が増えたらしい。

彼は、学生時代、空手をやっていたそうで、患者に「自分で自分を治しなさい」と言って、自転車で言う〝補助輪〟みたいなものをたくさん与えて治療をやっていた。

片や武道、片や医者と、仕事では出会えない人たちとの交流は大切な財産だと思っている。「好奇心旺盛」といえば聞こえが良いけれど、言葉を換えれば「おっちょこちょい」で何でもやろうとする（笑）。

基本的には「先に仕掛けて失敗するのは名誉」と考えている。逆に「後に仕掛けて失敗するのは不名誉」、つまり「恥」だという考え方。だから、会社を作ったときから、社員にも「人の後追いだけはするなよ」と言ってきた。

だから、「おっちょこちょい」でも、良い意味での「おっちょこちょい」はいいと思っている。

興味のあるものに手を出していくうちに、その魅力や可能性に気付くことがたくさんあるからだ。

「氣」にしても、調べてみるといろいろな研究をされていた。

例えば、南カリフォルニア大学では、2つの植木鉢に同じ土を入れて、同じ種を撒いて、毎日水をやり、片方には「おまえはきれいな花が咲くに違いない」と語りかける。もう片方には「おまえなんか、花が咲くわけがない」と言い続ける。すると、「咲かない」と言っていた鉢は、本当に花も咲かずに枯れてしまったと。

この結果は学術論文として出されているもので、要は、人間だけでなく、植物とも氣の交流はできるということがわかった。

西洋哲学がルーツとなるアメリカの大学でも、こうした研究をしているのが興味深い。

それで、何年のことだったか正確には覚えていないけれど、1960年代か70年代、毎年開催している世界の物理学者が集まる世界大会に、日本人の猪股修二さんという方が出席して、氣のエネルギーについて演説したところ、その演説が注目されて、その場で、氣エナジーに対する委員会ができた。

つまり、氣の世界を数値で表せないということは、物理学のほうが遅れているんだと学者たちが考えたわけです。

それを知って、わたしも猪股修二さんが書いた本を買ってきたのだけど、全く歯が立たない。「ルートマイナス1がどうしたこうした」と何を書いてあるのだか、さっぱりわからない（苦笑）。まぁ、それが理解できていたら、今とは違う商売をしていたと思うのだけど（笑）。

日本語から見えてくる「氣」の大切さ

ちなみに、人間の氣の流れは、男と女で逆で、5％ぐらいは、男でも女回りだったり、女でも男回りだったりする。逆だからと言って、どこか悪いわけではなくて、氣の流れにも個性があるということ。

でも、氣の流れが崩れてしまうと「気が違う」ということになってしまう。

医学博士の大村恵昭さんという先生が考案した「Oリングテスト」という病気の診断方法があって、指でOリングを作って、患者と診断者が引っ張り合うと、患者の身体の悪い箇所を刺激したときOリングが開くという。

だから、薬局で買った薬を左手に持ってOリングテストをやって、指が開いたら、その薬は合わないから飲まないほうが良くて、開かなかったら飲んで大丈夫だとわかる。身体に悪いもの、例えば、たばこを持ったら、簡単に指は開いてしまう。

氣の世界というのは不思議なもので、生まれながらに「氣の使い手」としての能力を持っている人がいるそうです。

たしかに、「神木」と言われる木の下に行くと、わたし程度の氣の使い手でも、身体が揺れるような感覚がある。

それに、コツを教えても、できない人もたくさんいる。「嘘でしょ」と思っている間は、絶対できないものなんです。

大切なのは「無心」になることで、経営者でも「氣」を大切にしている人は多い。ある経営者は、お座敷へ行くと熱心に芸者さんに「氣」の手本を見せていた。それだけでも30分くらい場が持つ(笑)。それくらい面白い話題というわけだ。

わたしは経営に使おうと思って「氣」に興味を持ったわけではないけれど、社員研修で「氣」を取り上げたのは、世の中にあるものすべて、虚心坦懐に認めることの大切さを伝えたかったから。

そのためには力を抜くことなど、氣を通じて、気持ちの持ち方の大切さを伝えられるのではないかと思ってのことだった。

それに、日本語には「気」という字がすごく多い。「元気」「気迫」「気持ち」、それから「あの子は俺に気がある」「殺気を感じる」「気脈を通じる」「正気に戻る」など。

だから、考えてみると、人間は「氣のレベル」によって生かされているのだと思う。氣は年齢的なものとは関係ないし、心の様相を言うものだと考えれば、ウルマンの『青春の詩』に通じるものがあると感じている。

脳からの命令を「氣」で察する

わたしの師匠である心身統一合氣道会創始者の故・藤平光一さんは、世界中に弟子がいて、ホノルル警察の名誉署長も務めていた。

ホノルル警察では、練習用の弾を使って警察官がピストルを撃つ練習をするのだけど、藤平光一さんを的にしたら、どうしても当たらなかったらしい。なぜか弾が逸れてしまうと。

それで、ホノルル市警が参って、藤平光一さんをホノルル市警の名誉署長にしたということだった。

心身統一合氣道会の藤平光一先生

わたしも不思議に思って、藤平さん自身に「なぜ弾が当たらなかったのか」と聞いてみたら、「堀君、よく考えろ。手元の引き金を見ていたら間に合わないんだ。弾は速いんだから。だけど、引き金を指で弾くためには、脳から命令が行かなきゃ指が動かないんだよ。その脳の命令を感じるんだ。それでサッと避ければ当たらない」と。
なるほどなと。
「氣が出ている」と言ったら、腕が曲がらなくなるし、「氣が出ていない」と言ったら腕が曲がる。人間の身体は、脳から命令が行かなければ動かない。だから、それを察知すればいいんだと。

背中を刀で切られそうになったときに「殺気を感ずる」のも、相手の脳から出た命令、つまり「氣」を感じるから。だから、後ろを振り返らずに、パッと避けることができる。

日頃の稽古でも、先生からパッと手刀で打たれる稽古がある。そのときも、先生の手の動きを見ていたのでは必ず打たれてしまう。だから、動く前に察する必要がある。

これは高度な技術で、ピストルの弾は避けられないと思うけれど、わたしも手刀なら避けられる。

これができるようになるには、ポジティブに力を抜く必要がある。だから、稽古も、まず「全身の力を抜く」ところから始まる。そして「身体のすべての部位の重みを下に置いていく」。

この2つが、心身統一合氣道の原則です。

気功学は中国で生まれて、まだ100年ちょっとの歴史しかないそうだけど、「氣」に〝戦い〟を入れると「武道」になり、〝教え・導き〟を入れると「宗教」になり、それらをすべて取り払ったものが「気功」だと聞いたことがある。

本当か嘘か、わからないけれど、なるほどなという気がする。

王貞治の一本足打法を生んだ氣の統一法

王貞治さんの一本足打法を指導したのも、実は藤平光一さんです。王さんは現役時代、調子が悪くなると、藤平さんのところに来ていました。

もともとは荒川博というコーチが王さんを指導していたのだけど、荒川さんは藤平さんの高弟。さらに、荒川さんの上に早稲田大学野球部でショートをやっていた広岡達朗さんという人がいて彼は藤平さんの大高弟。

つまり、広岡さんが心身統一合氣道を荒川さんに教え、荒川さんが王さんに教えたというわけです。

だから、藤平光一さんが亡くなって築地の本願寺で葬式をやったとき、弔辞は王さんとわたしが務めました。

聞いた話では、王さんは氣が統一できているとき、いくら押しても微動だにしなかったらしい。ただ、バッティングの調子が悪くなると押すとグラグラすると。それで、藤平さんに合気道を教わっていたそうです。

プロ野球選手の川上哲治さんは調子が良いときは「ボールが止まって見える」と言っ

ていましたが、よくはわかりませんが、目で見ているのではなく、身体で感じているからボールが止まって見えたのではないかと思う。

川上さんといえば、岐阜県美濃加茂市にある臨済宗の禅寺である正眼寺に行っていたそうですが、わたしもホリプロの上場準備をしていたとき、正眼寺に行こうとしたことがあった。

フランスからニューヨークまでコンコルドに乗って、そこからラスベガスに移動して、と、忙しい上に時差で身体のバランスを崩していた。そんなとき、帰国してすぐ、株式の公開準備のための合宿があった。

箱根の小涌園に幹部を集めて、主幹事の証券会社の担当者からレクチャーを受けるという合宿だったのだけど、疲れが溜まって一杯一杯になっていて、もう一歩出ると、気が違っちゃうなと感じた。それで、すぐ秘書に電話をして「名前は忘れてしまったけれど、川上さんが通っているという寺のアポイントを取ってくれ。合宿が終わったら行くから」と。それでアポイントを取ってもらった。

でも、合宿の初日が終わり、みんなで浴衣に着替えて一杯飲んで「公開に向けて!」とか、わいわいと将来に向けた談論風発をしていたら、ケロッと治ってしまった。それで、翌日、「あれはキャンセルしておいてくれ」と秘書に電話を入れた。

当時は「氣」のことなんか知らなかったけれど、今思うと、あのときは、氣の流れが狂っていたのだと思う。

計算ではなく、結果として……

いつも楽しくやっているように見られるけれど、上場準備をしていた頃は本当にしんどかった。海外出張から帰国するなり、時差ボケが残った状態で上場準備の合宿に参加。

激務で気の流れが狂っていたからだと思う。冒頭のあいさつも立ってできない状態で、机の上にあぐらをかいて、あいさつしていた。

フランスで開催された音楽の見本市には業界全体で行ったのだけど、その年はわたしが団長の年だったから、仕切り役を担っていた。日本を離れる直前には、山口百恵に「引退したい」と言われていたから、その対応についてずっと考え続けていた。

見本市が終わるなり、パリからコンコルドに乗ってニューヨークへ行き、『ピーターパン』を鑑賞。鑑賞といっても、劇場に入るなり睡魔に襲われて、「疲れた」という域を超えて、前後不覚に寝てしまい、最後にピーターパンが空を舞うシーンしか観られなかった。

でも、「これはいける」という手応えがあったから、日本で公演したいと、その足で権利の話をするためにラスベガスへ。

商談が終わってからは、片平なぎさと合流。当時、彼女をミュージカルスターにしようと考えていたから、本場のミュージカルを見せようと考えていた。結局、ミュージカル女優の話は、彼女が腰を痛めてしまい、流れてしまったのだけど。

いろんなことを同時並行で進めていたから、帰国後、疲れと時差がごちゃ混ぜになって、文字通りおかしくなる寸前だった。

45歳頃の話だから体力はあったけれど、2日おきに飛行機に乗り、国境を越え、時差を伴う移動はさすがに堪えた。

それでも、責任感というか、ミッションみたいなものに突き動かされて働いていた。百恵の引退後、榊原郁恵が『ピーターパン』の主役を演じて成功したから、周囲からは「跡取りができましたね」と言われたけれど、計算をしていたわけではなかった。ただ、結果として、うまくつながったということ。

まず耳を訓練する英語習得法

昔はよく海外出張に出ていたから、ブロークンでも当時は結構、英語も喋れた。使わないとダメになるから、今は昔のようにはいかないけれど…。

ちなみに、当時、『トマティスメソッド』という方法で英語を勉強していた。フランスの耳鼻咽喉科のアルフレッド・トマティス博士という先生が開発した学習法で、言語をマスターするには、まず聞き取れるようにならなければいけない。要するに、耳に聞こえない言葉はしゃべれないと。

それで、耳の中にイヤホンを入れて、音楽を流して、その合間に「ピシッ」「ピシッ」とノイズを入れる。それによって、鼓膜を慣らして、外国語を聞き取れるようにしていく。

ロシア語でも中国語でも日本語でも、各言語のヘルツ（周波数・振動数）があって、日本語のヘルツというのは、他の言語と比べても狭いらしい。

トマティス先生は、こうした言語の研究をしていて、「ピシッ」「ピシッ」というノイズによって耳がキャッチできる周波数を広げていく。そして、それを続けていると、外国語が聞き取れるようになり、聞こえた外国語を自分でリフレインしていると喋ることもできるようになると考えた。

わたしも、この教材のおかげで、英語がかなり喋れるようになった。

この勉強法を勧めてくれたのは、当時、住友銀行の常務だった方。ロンドンに転勤になって、英語をマスターしなければいけないので、トマティスを使ったら良かったと教えてくれた。

トレーニングを終えたら、それまでまったくわからなかったテレビの英語が耳に入るようになったらしい。

ただ、彼は、英語の勉強のためにトマティスを勧めてきたわけではなかった。

当時、トマティスの原理原則を継承して、日本版の事業を手掛けていた企業がもめていたらしく、「ホリプロでやったらどうだ」と情報を提供してくれた。

ただ、勧められても、自分が納得できなければ、やれるかどうかわからない。それで実際にトレーニングを受けてみた。これは良い教材だなと思ったけれど、結局、やらなかった。いざこざに巻き込まれるのは嫌だなと思ったから。

こうして、必要に迫られてということもあるけれど、慣れと怖がらない姿勢で、正しい英語かどうかはなはだ疑問だけれど（笑）……、英語で意思の疎通は取れるようになった。

ちなみに、その住友銀行常務だった方は吉田博一さん。69歳で起業して、エリーパワーというリチウムイオン電池のベンチャー企業の社長をやっていて、今でも親しくしています。

誕生日が同じ、蜷川幸雄氏との関係

自然の摂理が証明しているように、同業者とばかりつるんでいたら劣性遺伝が起きてしまうと考えている。人間関係も異種交配しないとダメだとね。

だから、良いか悪いかはわからないけれど、事業もいろいろ拡げてきた。

ただ、演劇事業に参入したときは、公演を成功させても、なかなか業界の一員には入れてもらえなかった。

演劇業界はイデオロギーみたいなものと密接にリンクしているから、非常に鎖国的な業界でもある。だから、アウトサイダーのホリプロは仲間ではないと。

数年前、青年座という歴史ある劇団の周年パーティに呼ばれて行ったら、「乾杯の音頭をやってほしい」と言われ、「ようやく俺も、この世界に認知されたか」と思えるようになった。

まぁ、演劇に参入しながら、「いいか、俺は絶対に演劇青年にはならないからな。同じフィールドで試合には出ない。俺は観客席で声の限り応援するからやれ」と現場に言っていたから、外されても仕方のない面もあったけどね（笑）。

イデオロギーのためではなく、エンターテイメントのための演劇をやりたいという一心だった。

そういえば、演出家の蜷川幸雄さん、歳はわたしのほうが3歳上だけど、10月15日と同月同日生まれ。誕生日が同じことを知ったのは、藤原竜也主演の『身毒丸』を蜷

蜷川幸雄氏が演出を手掛けた『身毒丸』。藤原竜也さんのデビューにつながった1997年のオーディション

川さんに演出してもらったことがきっかけだった。

話題の作品だったから、気合も込めて初舞台は1997年10月15日のロンドン公演。そうしたら、わたしだけでなく、蜷川さんの誕生日でもあった。

蜷川さんは公私ともに風向きのすごく良い時期があったのだけど、その後、風向きが悪くなったとき、わたしと出会った。

『身毒丸』の演出を蜷川さんにお願いしたのが、その頃だった。同業だから、お互い知ってはいたけれど、その時が「はじめまして」だった。

『身毒丸』の最初の主演は武田真治。

彼が主演で当たった作品だけど、再演が決まり、今度は、武田真治が売れてしまった後だからスケジュールを抑えられず、主演のオーディションをすることになった。そこで出てきたのが、藤原竜也。蜷川さんも手塩にかけて育ててくれて、初舞台もロンドンで行った。

『身毒丸』以来、蜷川さんが海外でやる芝居は、ほとんどホリプロがやっていた。

蜷川さんは演出家だから、気難しい人と思われているところがあるけれど、そんなことはない。稚気《ちき》あふれる人で、一芸に秀でていて、それ以外のことはあまり気にしないタイプ。だから若いときは下手な芝居をすると、灰皿を投げるとか、いろいろな逸話が残っている（笑）。

われわれが付き合い始めた頃は、ある程度の年齢になっていたから灰皿は投げないけれど、「バカ野郎、てめえ、やめちまえ、下手くそ」なんてことをしょっちゅうやっていた（笑）。

藤原も素人からのスタートだったから、文字通り1000本ノックですよ。それを耐え抜いたからこそ「若いけれど、演技力のある実力派俳優」ということになった。

その後、蜷川さんがシェイクスピアの全作品を『彩の国さいたま芸術劇場』でやることになったときも、うちが受けることになった。

その意味では、蜷川さんは『彩の国さいたま芸術劇場』の初代芸術監督を務め、同劇場の基盤を作った人物といえる。

ちなみに、劇場ができた1994年、初代館長を務めたのは、秩父セメントの社長・会長を務めた諸井虔さんの弟で作曲家の諸井誠さん。

諸井誠さんとわたしは妙に気が合って、シェイクスピアの全37作品を上演する『彩の国シェイクスピア・シリーズ』をやろうとなった。

その記者会見のとき、「たぶん終わりの頃は、俺はもう生きていないかもしれない」と言ったのだけど(笑)、どうやら間に合いそう。残りあと4作品になったからね。

でも、諸井誠さんは2013年に亡くなってしまった。

一緒に会見に出ていた蜷川さんは「俺は最後までやるよ」と言っていたけれど、蜷川さんのほうが先に逝ってしまった(2016年5月逝去)。

誠さんの兄の諸井虔さんとは、ウシオ電機の牛尾治朗さんたちが参加していた安岡正篤さんの勉強会で面識がありました。主催者が、ホリプロは小さい会社なのに誘ってくれたので、メンバーの端くれとして参加させてもらっていた。

それから、椎名悦三郎さんの秘書出身でフジ・アートという画廊を経営していた福本邦雄さんという方にも、かわいがってもらった。

もともと政界とのパイプがある方だったから、「中曽根康弘を首相にする会」とか「中尾栄一と一杯飲む会」を主催していて、そういう会があると、なぜか必ずわたしが呼ばれていた。

だから、業種を超えて付き合いが広くなったのも、福本さんのおかげともいえる。イトーヨーカ堂の伊藤雅俊さんや西武の堤清二さんとも、福本さんを通じて知り合いました。

たばこはやめても、お酒は飲む

おかげさまで87歳になった今も、こうして元気でいられて幸せだなと思う。

昔みたいに固有名詞がすぐ出てこなくなったけれど(笑)、どうにかして思い出す。思い出さないと、脳みそが死んでいっちゃうからね。

健康についていえば、20歳のときにたばこをやめたけど、お酒は今でも365日、毎日飲んでいる。中華料理屋なら紹興酒、洋食ならウイスキー、日本食なら日本酒と食事に合わせて何でも飲む。

ワインは勧められたら飲むけれど、一切勉強していない。うちの息子たちは幼稚園から暁星に通っていたからフランス語もできるけど、わたしはやろうとは思わない。鼻が詰まったような器用な発音はできないから（笑）。

ウコンを飲んでいるからかもしれないが、γ－GTPの値も悪くない。結局は、酒の飲み方なのだろうね。飲み方次第で百薬の長にもなれば、万病のもとにもなる。楽しいお酒なら悪酔いしないからね。

「氣」の流れ

雑誌の連載で合気道の話をしたら、面白いと言ってくれる人がいた。確かに、氣の世界はおもしろい。

合気道は技術ではなく、考え方や意識の持ち方が中心のスポーツだから、勝ち負けで戦うものではないけれど、暴漢に襲われたときの護身にも使える。

ただ、力でねじ伏せるのではなく、相手の氣の流れを導いて自分の身を守る。氣について、十分に理解できているかわからないけれど、氣とはコミュニケーションツールじゃないかという気がしている。

合気道を始めたのは、経営コンサルタントで氣の使い手でもある船井幸雄さんとの出会いがきっかけで、船井さんとは偶然同い年で気が合った。まさに「合気道」だ(笑)。日本語に「気」という漢字を使った言葉が多いのも偶然ではないと思っている。人間は氣のエネルギーに生かされているからなのではないかと。

文字にするとき、一部の漢字を「気」ではなく「氣」にしているのも、氣は流れを滞らせないことが大切なことだから。

「×」は「氣」の流れを止めてしまうけれど、「米」を使うと四方八方、天地宇宙とつながっているという意味になる。

氣も東洋哲学に通じるものだけれど、思い返せば上場も、東洋医学の漢方薬のような効果があった。

上場は、自分たちの職業を世の中に認知してもらい、優秀な人材を集めるためだった。

でも、上場直後は、社員も「悲しむことではないらしい」とはわかるけれど、「喜ぶものなのか」はわからないという状況だった。

上場企業とは社会の公器になること。それがどんな意味を持つのか、上場してしばらく経って、社員たちもだんだんとその意味をわかっていった。

即効性を求めると、西洋医学の薬の副作用と同じで、背中合わせにネガティブなものが生まれてくる。その意味でも、氣の世界のように、じわじわと、上場の意味を社員が理解できたのは良いことだったと思っている。

浅野学園の後輩のおかげで……

日本が太平洋戦争に敗戦したときは13歳、その頃からたばこを吸っていた。学校のそばにアイスキャンディや大福を売っている店があって、そこでたばこをバラ売りしていた。小遣いがなくて1箱は買えないから、1本単位で買うわけだ。

浅野学園時代の話だけど、野球が強い学校だったから、当時は野球部に入っていた。その後、音楽に夢中になって練習に行かなくなり、クビになってしまったけれど……。

まだ野球をしていたある日、練習が終わって暗くなったころ、友だち2～3人とたばこを吸いながら運動場から正門のほうへ歩いて行ったら、先生が来て捕まってしまった。それで「右の者、不良行為につき、3日間の停学に処す」と掲示板に貼り出され、停学になってしまった。

13歳で喫煙というと、えらい不良に聞こえるけれど、当時はみんな吸っていた（笑）。だから停学を受けて反省したわけでもなく、「運が悪かったなぁ」程度に思っていた。

ちなみに、浅野学園といったら今では大変な進学校。現役で40～50人は東大に進学している。

でも、われわれの時代は、いい加減な学校だった（笑）。

浅野セメントの創業者が創設した学校だから、校舎は木造ではなくセメント造り。でも、空襲で窓ガラスが割れていたから、ベニヤ板で雨風を防いでいた。今は校舎もきれいになっているから、われわれのいたときとはイメージがずいぶん違う。

2020年が開校100周年らしく、在校生の父母にインタビューを受けたところ「在校生にひと言」と聞かれ、「君たちのおかげで、俺は『良い学校を出たね』と言われる。ありがとう」と(笑)。

われわれの次の年まで、浅野中学は第二志望校で、県立を受けて落ちた連中が行くところだった。県立高校崩れが集まっているから、大した学校じゃなかったわけだ。それが「良い学校を出てますね」と言われるのだから、後輩様様だよね(笑)。

われわれの世代は尋常小学校に入学して、国民学校を卒業し、旧制中学に入学して、新制中学の第1期卒業生になった。

つまり、途中で何度も教育制度が変わり、その間、集団疎開も軍事教練も経験した。だから、日本の歴史に翻弄された世代といえる。珍しい世代だけれど、これも、なにかの巡り合わせ。誰かが悪意を持ってやったわけではない。

浅野学園に入ったときも、入学したときは浅野中学で、後に浅野学園に変わった。戦後は混乱の中で生きてきたけれど、おかげで、少々のことではへこたれなくなった。

中学に行くときは桜木町から新子安まで、当時は省線電車と言ったのだけど、今の京浜東北線に乗って通っていた。

電車は超満員で、走っている電車から人がこぼれ落ちそうになっていた。われわれも椅子に座ることなどできるはずもなく、車両と車両の連結部分に乗っていた。危ないなんてもんじゃない。でも、乗るのも降りるのも、窓から出入りしていた時代だったからね（笑）。

小学生のときは、バスも木炭バス。後方で炭を焚いて走っていた。バスも満席だから、バンパーの枠みたいなところにしがみついて乗っていた。車両の外だから切符なしで乗れて、バス代の倹約にもなっていた（笑）。

戦時中、中学生は学徒動員で工場で働かせられたけれど、われわれは小学生だったから、新聞配達をさせられた。

東京が壊滅的な被害を受けた東京大空襲が1945年3月10日、横浜の空襲は、それから約2カ月半後の5月29日だった。

当時、住んでいた家が洋館だったから、わが家の周りだけは焼けなかったけれど、三ツ沢の本家が全焼したと聞き、母と一緒に握り飯を作って、歩いて助けに行った。

道端には死体がゴロゴロ転がっていて、防火用水といって水を溜める小さなプールみたいなところには、熱さから逃れようとした人たちの死体が山積みになっていた。文字通りの修羅場だったし、戦場ではないけれど、戦場のような光景だった。

戦争経験者は強いと言われるけれど、運が強く、身心ともに鍛えられた人たちが生き残っているのだから、強いというのも、当然といえば当然かもしれない。

人生の節目節目に何かしようとするのも、だらだら生きるのは、どうもいけない気がしているから。目標を立てることで、人生にメリハリを付けて、自己叱咤する意味もあったと思う。

これはたぶん、国が貧しい時代、そして戦争の最中を生きてきた性みたいなものかもしれないね。

運の明暗を分けるもの

われわれみたいに音楽をやってきて、裏方に転じた人は何人もいる。生き残った人はいても、最後まで生き残った人というのは、そうはいない。

サミュエル・ウルマンの「青春の詩」を愛する堀氏。取引先からプレゼントされた書家・福瀬餓鬼氏が書いた「青春」を前にして

でも、うまくいかなかった人たちは、自分より才能がなかったわけじゃない。同じような才能を持っていた。

昔はわからなかったけれど、いま思うと、結局は運としか言いようがない。わたしは、後々振り返って、自分は〝悪運〟が強かったのだと思っている。

ところで、仲間や社員に何か1つの企画を突き詰めさせていくと、もの凄く複雑化してしまう。でも、複雑化した後、単純化できない企画というのは成功しないと思っている。

例えば、植木でも、剪定《せんてい》していか

ないと大きく育たないのと同じで、複雑化したまま置いておいたら良い企画もうまく育たない。真実かどうかわからないけれど、わたしは、そういう考え方を持っている。だから何でも〝単純化〟しようとする。

単純化とは、誰が聞いても、考えても、理解できることだと捉えているから、どうやっても単純化できないものはやらない。

だから、運の良い人と悪い人が世の中に生まれる理由も、自分なりに単純化していった。

すると、本当に神が存在するのなら、そんな不公平なことを神がするわけがないなと。みんな平等に運の巡り、不運の巡りを与えるはず。

それなのに、なぜ運の良い人と悪い人が生まれるのか——。

科学的な根拠はないけれど、わたしが自分なりに導き出した結論がある。

人生を麻雀に例えちゃいけないけれど、麻雀で言えば「なんだか妙にツモがいいとき」もあれば、「悪いとき」もある。

ツモが良いとき、ツモの良さの勢いに任せてスケベ根性を起こし、大きな手にしようとして、結果、振り込んでしまうことがある。

欲張って振り込んでしまったり、運の巡りがきているにも関わらず、ぼやっとして見過ごしてしまったり、他のことに神経がいって、見落としてしまう。

でも、せっかく平等にやってきた運の巡りを逃したら、次の巡りが来るのは二乗、三乗先になってしまう。そんな気がしている。

だから、1つ1つ、自分に風が吹いていることを理解して、その風を体感して、大きくても小さくても良いから〝モノ〟にしていった連中は、同じインターバルで運の巡りがやってくる。でも、それを見逃してしまうと、運の巡りが二乗、三乗の長いスパンでしか巡って来なくなってしまう。

これが、運の良い人と悪い人を分けている理由なのかなと思っている。

運の巡りを見逃さないためにも、とどのつまりは「いい顔作ろう」という結論に達した。

ホリプロの本社のエレベーターホールの姿見の鏡にも書いてあるけれど、お通夜の晩のような暗い顔をしているやつのところに勝利の女神は微笑まない。

いい顔というのは、美男美女を言っているわけではなくて、爽やかだから「あいつともう1回会いたいな」とか「用があってもなくても、会いたいな」と思われるやつになれと。

各家庭、洗面所には鏡が付いている。朝、顔を洗うとき、自分の顔を見るわけだ。でも、仕事をしていると、いつもいい顔ばかりはしていられない。嫌なことも当然ある。

でも、顔を洗うたび、鏡で嫌な顔が残っていないか確認してほしい。嫌な顔が残っていたら、メンテナンスをして会社に来て、それから、もう1回、エレベーターホールの鏡で再度、顔を確認してほしいと。

でも、押しつけにはしたくないから、鏡には「いい顔作ろう」と小さく書いてある（笑）。

感覚的に、そうしたことを受け止められる人と受け止められない人がいる。でも、そうした感受性が、運の良い人と悪い人の別れ道にもなるのかなとも思っている。

〝人材〟ではなく〝人物〟に

誰もが神様から平等にチャンスを与えられているとして、成功する人とそうでない人はどこが違うのか。

努力が大事という人もいるけれど、感性みたいなものが大事かなという気がしている。自分を虐げることなく生きている人が伸びていくのではないかと。

若い子たちを見ていると、中学や高校は大学に入るための予備校、大学は就職するための予備校のような感じで、必ずしも学校生活をエンジョイしているわけではないように感じる。

わたしとしては、予備校生活ではなく、学生生活を思い切りエンジョイして大人になってもらいたいなと思う。

就職のために陰々滅々と学生生活を送るような生き方では、〝人材〟にはなるかもしれないけれど〝人物〟にはなれない。

〝人材〟というのは材料であって替えが利くけれど、〝人物〟は替えが利かない。

AI、IoTの時代だからこそ、これからは〝人物〟の時代じゃないかと思っている。

一方で、勉強をしなくていいとは思わない。

わたしなんか、もともと落第生だし、歴史に翻弄された学生時代だったから、世界史はほとんどやっていないし、英語も中途半端。だから、息子たちと親子4人でヨーロッパ旅行に行ったときも、ちっとも面白くなかった。

たしか、長男がアメリカの大学に留学していた頃の話で、ロンドンで待ち合わせして、オリエントエキスプレスで終点のベネチアあたりまで行って、帰りはローマまで車で帰ってくるという旅だった。

古跡を訪ねて歩くのだけど、子どもたちは面白がっているのに、わたしは街並みがきれいだなとは思うものの、そこにどんな歴史があるのか知らないから感動できない。

一方で、学生時代、勉強しなかった分、大人になってから、興味や関心のあるものは積極的に開拓してきたともいえる。

貧なるがゆえに、焦点がフォーカスされているのかもしれない。

〝無謀〟と〝乱暴〟の違い

還暦を迎えたとき、80歳を終点に考えて、違う自分になろうというコンセプトを立てたけれど、やがて80歳を迎えると、このコンセプトも終わりを迎える。それで80歳になったとき、死ぬまでにエージシュートを決めるという次の目標を立てた。

昔から、自分で決めた目標がないと生きられないというクセがあって、何かキャッチフレーズみたいなものを作るのが好きだった。

「無謀ではなく、乱暴に」とかね。

ちなみに、このキャッチフレーズは、ホリプロが創業20周年を迎えたときに出てきた。20周年を機に、服装を変えることにしたからだった。

創業から20周年頃までは、だいたい黒い背広か紺色の背広に、地味なネクタイばかりしていた。

芸能界は服装がやや乱れているから、うちの社員には「ネクタイをして仕事をしろ」と言っていたし、自分でもそういうつもりで地味なスーツにネクタイ姿で仕事をしていた。職場は戦場で、ニヤニヤしてはいけない場所という生き方をしていたからね。

でも、20周年パーティのとき、ふと周囲を見回したら、紺色の背広を着た、真面目一辺倒のような社員ばかりになっていた。

それで、こりゃまずいなと。

それ以降、「土曜日はネクタイをしてくるな。違う自分になってこい」と言って、その意図を伝えるために「無謀でなく、乱暴に生きろ」というキャッチフレーズが浮かんだ。

すると、「無謀と乱暴の線引きは、どこですか?」と質問してきた社員がいて、「バカヤロー、そんなものは人によって違うんだ。一生懸命努力して生きている人間は、限りなく無謀に近いことをやっても、社会は乱暴ということで許してくれる。その代わり、いい加減に生きていると、乱暴の範囲で生きていても、無謀と言われる」と。

人によって線は違うものだし、そもそも人に線を引いてもらうものではない。一生懸命に生きて、後は自分で線を引けと。

あれこれキャッチフレーズが出てくるから、「いつも考えているんですか?」と聞かれるけれど、そうではなくて、困った現象に遭遇して、これは大変だというところから考えが始まる。

その意味では〝気付き〟だし、気付きがないと、神様がくれた運の巡りも遠のいてしまうと思っている。

美空ひばりと山口百恵の時代

ホリプロがアイドルや歌手だけでなく、政治家やスポーツ選手も所属するプロダクションになったのは、何か狙いがあったというよりも、世の中の変化を感じたからだった。

自分で感じているだけだから、間違っているかもしれないけれど、自分なりに感じる変化があったわけだ。

例えば、美空ひばりが売れている時代は「デパートに買い物に行って、物の値段がわからなかった」というコメントがスターとしての美談として新聞で報道されていた。ところが、媒体が新聞から映画になり、さらにテレビの時代になると、森昌子や山口百恵の時代になった。

映画は、身だしなみを整えて外に観に行くから、きちんとした格好をしなければ、美空ひばりには会えない。

ところが、映画と違ってテレビは外に出る必要はない。すると、ステテコ穿いて、家の中でひっくり返っていても、アイドルやタレントに会える。

そうすると、スターのあり方も変わるだろうなと感じた。

だから、まだ中学生だった森昌子や山口百恵には「テレビ局の楽屋に入るまでは学校の制服を着てきなさい」と言っていた。普段は学生として生活をして、楽屋で着替えて、アイドルとなってステージに行けと。

テレビの時代はスターであっても普通の感覚も大事になるはずだと感じていた。テレビの受像機の向こう側にいる視聴者というのは、そういうものを嗅ぎ分ける能力を持っている人たちだと思っている。

スターは、彼ら、つまりテレビの受信機の向こう側にいる人たちが作るもので、われわれが作るものではない。

だから、時代や潮目の変化をどう受け止めるかが、とても重要なことだと思っている。

そのためにも、間違えることもあるけれど、仮説を立てて、実証しての繰り返し。

映画全盛期のスターは電車賃をかけて、入場料を払わないと会えない存在だった。だから、トイレにも行かない存在のように神聖化されていた。それが、テレビによってエンターテインメントが茶の間に入ってくると、それでは通用しなくなる。

そんな変化を感じていた。

〝投網〟と〝一本釣り〟の手法で対応

スポーツ選手等のマネージメントを始めたのも、そうした変化を感じたからだった。その変化は、テレビの細分化。地上波だけでなく、ＢＳやＣＳなどの登場だ。そこで、チャンネルが増えると、それまでのように地上波だけが主導する世の中ではなくなるだろうと思った。

地上波のテレビというのは、漁業で例えると、投網でダーッと魚を大量に獲るイメージ。そうすると、魚同士がぶつかりあって、多少、味や鮮度が落ちる可能性が出てくる。でも、大量に獲れるメリットがある。

では、ＣＳやＢＳの役割は何か。おそらく、一本釣りの世界になるんじゃないかと。大量には獲れないけれど、身がぶつかり合わないから、非常に良質な魚を獲れる。

そうすると、地上波テレビが視聴率15～20％を追うものだとすれば、ＣＳやＢＳは

ホリプロがマネジメントするプロゴルファー武藤俊憲氏が2019年9月、東広野ゴルフ倶楽部にて行われた「パナソニックオープンゴルフチャンピオンシップ」で優勝したときの祝勝会で。前列左から、小田信吾氏(ホリプロ最高顧問)、武藤俊憲氏、堀氏。後列はホリプロ社員

視聴率1%でもいいと。要するに、ターゲットに対してもろにぶつかっていればいいんだと。

投網で獲るときは、傷つき死にかけた魚も、生まれたばかりの魚も入ってくるけれど、一本釣りの場合はターゲットが決まっている。だから〝視聴率〟という量ではなく〝視聴質〟というものが重要になってくる。

その時代に対応するためには、今までの投網対応のタレントだけでは成り立たない。需要に対して一本釣りするためには、それに対応できるスターという素

材が必要だと仮説を立てた。

そこで、設立したのが、前に話した「その他事業部」。

結果的に、文化事業部という部署になったわけだけど、今までとは毛色の異なるスポーツ選手や人気占い師の新宿の母、料理研究家などのマネージメントもするようになった。

一本釣りの世界は、個性豊か。いろんなタイプのタレントがいる。でも、嘘ものはダメ、だましは通用しない。投網のほうは、どさくさに紛れてだましが利く場合もあるのだけど（笑）、一本釣りでは視聴者に見抜かれてしまう。

事業の性質が異なるから、投網的な事業はプロダクション本部が対応して、一本釣りの世界はスポーツ文化部が対応するようにしている。

その意味では、宮本武蔵の二刀流だ（笑）。

地上波テレビもCS、BSの登場で変化せざるを得なかった。まさに今も、インターネットの登場で、変化の時代を迎えている。

昔は、バラエティでもドラマでも、視聴率20～30％が出たけれど、今は15％出れば御の字。ということは、分散化が起きているということ。

インターネットやSNSで明らかに社会が変化している。でも、わたしはもう、その先のことはわからない。ここはもう若者にまかせて、老兵は静かに消えていこうと思っている。

ただ、SNSで〝個〟の時代になったかと思うと、ハロウィンで渋谷に押しかけたり、ライブなどで〝群れ〟を成すという傾向も強くなっている。

これも〝投網〟と〝一本釣り〟かな。〝個〟も大事だけど〝群れ〟て楽しむものも欲しいと。

テレビの世界も地上波だけでなく、CSやBSが登場したのも需要があったから。

そう考えると、需要があれば、供給は生まれる。単純なことなのかもしれないね。

ビジネスとは変化の捉え方

この本で何度も合気道は「氣」のめぐりが大事だと話してきたけれど、合気道の考え方はいろんなことにも応用できる。

面白いなと思ったのが、合気道の身長の測り方。

普通、身長は、頭のてっぺんから地面に着いたかかとまでを測るけれど、合気道の世界は違う。つま先まで「氣」が通っていないとダメだから、かかとで終わるのはおかしい。足の指先までを測って身長だと。

だから〝気を付け〟の姿勢が一番ダメ。かかとに体重がかかってしまうから。逆に、つま先まで「氣」が入ると、押しても微動だにしない。王貞治さんが一本足打法で立ってもグラつかないのは、そういうことだ。

つま先立ちをして力を抜いて、ゆっくり腕とかかとを下ろすと、つま先まで「氣」が入る。通勤電車の中でも、この立ち方をしていると、よろめいて周辺の人に迷惑をかけずに済む。

ちなみに、座っているときは、仙骨をちょっと上げる。仙骨は尾てい骨と同じ位置にあるから、肩の力など体中の力を抜いて、すべての部位の重みを最下部の仙骨に置く。この座り方だと、長時間座っていても疲れない。

今は経営から離れているから、こうしてのんびり過ごしているけれど、半世紀以上、エンターテインメントの世界で仕事をしてきて、ビジネスとは、世の中の変化をどう捉えるかだと感じている。

だから、一歩先は早すぎる、半歩先を行きたいと思っている。これは、何度も一歩先を行きすぎて、しょっちゅう失敗してきたから（笑）、その教訓でもある。

例えば、ロボットに歌を歌わせようと思ってレコードを出したり、1996年には3DCGで作った伊達杏子というバーチャルタレント、今でいう初音ミクのようなタレントをデビューさせたこともある。初音ミクが登場したのは2007年だから、10年も前のことだ。

当時は、伊達杏子を作るのにものすごく金がかかったけれど、今ではずいぶんコストが安くなっている。

ちなみに、伊達杏子は、多摩地区の福生《ふっさ》生まれ（笑）。バーチャルだけど、生い立ちなどの物語をつけて売り出した。

もう1つの歌を歌うロボットは、40年近く前のことで「人生の誕生はたまごだ」ということで、たまごの形をして、当時、大流行していたNIKEの靴を履いたロボットだった。テクノロジーが入っていたから、ヤマハがずいぶん協力してくれた。

ドリフターズの『8時だョ！全員集合』を放送していた頃で番組にも出演した。でも、『全員集合』は生放送だし、出演者がアドリブで動くからロボットが対応できなかった（笑）。

今はＡＩ（人工知能）でロボットもどんどん賢くなっているけれど、当時のロボットは教えた通りにしか動けないからね。

3DCGのバーチャルタレントの伊達杏子

知名度を上げようとしてデパートの屋上でイベントをやったりもしたけれど、遠くで雷が鳴ったりすると誤作動を起こしていた。

誤作動を起こすたびにコンピュータに修正を加えて、ハードも作り直さなきゃいけないから金がかかってしょうがなかった。

それで最後は、つくば万博のどこかのパビリオンに展示して引退。まぁ、参入するのが早すぎたということだ。

それに動機も不純だった（笑）。「ロボットに歌わせれば、飯は食わせなくていいし、金は払わなく

1985年「つくば万博」開催に向け、世間の興味が最新テクノロジーに向かい始めた頃にデビューした、世界初のロボットタレント「ツトム君」と堀氏

ていい。寝ないで働かせても文句を言わない」と言って始めたから（笑）。「過ぎたるは及ばざるがごとし」とはよくいったもの。早すぎちゃいけないし、遅すぎてもいけない。だから、社員たちにも「遅れたうえに人のマネをして出るのは恥」と言ってきた。人のやっていないこと、しかも半歩先をゆくことが大切だね。

幸い、人事での失敗はなし

経営や仕事について、人に教えることはあまりしたことがない。基本的に、後ろ姿で教えるという形できた。

その中で成長しているなと感じるのは、全体的に〝感度のいい人〟だと思う。そういう人は、本能的にバランス感覚も優れている気がする。

タレントに関しては見込んだものの、うまくいかなかったことがたくさんあったけれど、幸い、社員に関してはそういうことがない。社員といっても「これは」という人事をするのは役員人事ぐらいだけど。

いま、社長は次男の義貴が頑張っているし、その前の小田信吾君の人事も自分で考えた。世間は別の人物が社長になると思っていたようだけれど、世の中の流れ、会社や業界全体を見て、悩み、考え、決断した。

人間同士だから、相手の感度と自分のエネルギーを行き交わして、相手の能力や才能を見極めていった。

節目、節目に目標を立ててきたから「90歳になったら何をしますか？」と聞かれることがあるけれど、生きているかどうかもわからない。わたしの人生のなかには「〜たら」はない。89歳になったら考えるかもしれないけれど、今は何も考えてない。

無謀でなく
乱暴に
いつもいゝ顔

堀　威夫

おわりに

尋常小学校が国民学校になり、旧制中学に入り、新制中学の第一期卒業。その間、集団疎開、軍事教練を体験、正に激動の中を生き、鍛えられました。お蔭をもちまして、厳しい局面も乗り越え、生き延びる事が出来ました。

芸能界に縁を得てからの七十年。浮き沈みの激しい業界の中、今日迄潰れる事なく、やってこられたのは、運に恵まれた以外、考えられません。

何のバックボーンもなく、唯々若気の至りで突っ走った時代。資金繰りに行き詰り、高利の金に手を出した事も屡々《しばしば》。いつも芸能の神様が助けて下さいました。

訳知りになってからは、「プロダクション芸者置屋説」に反発。事業として社会的認知を得たいと、ひたすら邁進しました。

「お前は他に能がない」と自分に引導が渡せたのは何時だったでしょう

か？　ハッキリ覚えてをりません。この自覚が出来てからは、仲間と共に迷いなく、ひたすら前に進みました。「無謀でなく乱暴に、しなやかに大胆に」等、屁理窟を付けてはの毎日でした。

齢を重ねるにしたがって、いくらか角が取れたか？　と勝手に自認してをります。

還暦の年以来、毎日二キロを徒歩通勤してをります。更には、近年合気道の稽古に週一で通ってをります。そのお蔭か、米寿を迎えた今日も、好きなゴルフを楽しんでをります。

しかし、ゴルフ仲間が年々減っていく、一抹の淋しさも感じる今日この頃です。

ホリプロは、本年六十周年を迎えました。生みの親として、これを百年企業を目指すスタートラインにして欲しいと念願してをります。

私は、マッカーサー語録に有る「老兵は静かに消えて行くのみ」の心境です。

おわりに、制作過程に於いて、爺の自慢話にならない様、心掛けた積りです。お目障りがなかったか？　と案じてをります。完成までに、何度もお付合い下さった、村田博文社長と北川文子さんには、心から感謝申し上げます。

皆さんに、有難うございます！

令和2年4月吉日

堀　威夫

堀 威夫 ほり・たけお

1932年10月15日生まれ。神奈川県出身。55年明治大学商学部卒業。学生時代からバンド活動を始め、人気を博すが、長男の誕生を機に経営者に転身。57年東洋企画を設立。60年ホリプロダクション（現・ホリプロ）を設立、代表取締役社長に就任。84年会長。2002年東証一部上場（12年MBOして非上場会社に）、同年、取締役ファウンダー、08年ファウンダー最高顧問に就任。

ホリプロって何だ?

2020年5月29日　第1版第1刷発行

著者　　　堀 威夫
発行者　　村田博文
発行所　　株式会社財界研究所
住所：〒100-0014東京都千代田区永田町2-14-3
東急不動産赤坂ビル11階
電話：03-3581-6771
ファックス：03-3581-6777
URL：http://www.zaikai.jp/

印刷・製本　凸版印刷株式会社

ISBN 978-4-87932-140-4
定価はカバーに印刷してあります。